JN409344

# 도시에 뜨는 별

# 도시에 뜨는 별

김영심 수필집

수필과비평사

## ■ 책 머리에

한 생애가 티 없이 맑고 고운 시기가 있다면 어린 시절이 아닐까요.

현실의 삶이 아프고 외로울수록 과거에 집착하는 마음.

글을 쓴다는 것은 과거를 회상하는 바람 같은 것이었습니다.

내일은 내게 보장되는 시간이 아니었습니다. 이번 여름은 참 많이 아팠습니다.

오늘이 마지막인 듯한 나날이었지만 삶도 문학도 그 언저리만 서성이고 있었습니다.

이젠 흘러버린 시간들을 되돌아보며 방황하는 내 영혼을 다시금 불러 마지막까지 함께할 시간을 갖고 싶습니다.

넋두리 같은 글을 세상에 내어놓기엔 부끄럽지만 책이 나오기까지 많은 애를 써주신 ≪수필과비평≫사 모든 가족 분들과 그간 많은 도움을 준 문우와 지인들, 미흡한 글을 읽고 용기를 주신 강돈묵 교수님께 고개 숙여 감사드립니다.

2012년 12월

## 차례

책 머리에 __ 5

제1부 | 바람꽃

상사화 피는 계절 __ 13
바람꽃 __ 17
달맞이꽃의 마음 __ 20
뻐꾸기 우는 새벽 __ 24
능소화는 비에 젖고 __ 27
피는 꽃자리는 달라도 __ 30
고향의 들꽃처럼 __ 34
찻잔에 뜨는 매화 __ 37
국화 향기에 취하여 __ 40
가침박달꽃 그늘 아래서 __ 44

## 제2부 | 가리워진 길

내 마음 해바라기 되어 __ 49
사랑이라는 이름으로 __ 53
부채 속에 사랑을 실어 __ 56
가리워진 길 __ 61
유월의 바람 __ 65
밤비 내리는 날이면 __ 70
강대나무 __ 73
삶의 굴곡 __ 77
이모 __ 80
푸른 바람으로 __ 83

## 제3부 | 버리고 떠나기

도시에 뜨는 별 __ 91
대지를 적시는 물처럼 __ 94
빈 둥지 __ 98
버리고 떠나기 __ 102
꿈 하나 간직하리 __ 105
어둠이 내리면 __ 109
병실에서 __ 113
피 돌리기 __ 116
특별한 동행 __ 120
비상 __ 123

## 제4부 | 황포강의 저녁노을

꿈에 그리던 개골산 __ 129
황포강의 저녁노을 __ 138
오늘도 강물은 흐르는데 __ 143
소전리 가는 길 __ 146
병산 아래 낙동강은 흐르고 __ 149
박물관 뜰을 거닐며 __ 152
추사 고택을 다녀와서 __ 154
메밀꽃 피는 마을 __ 157
태초의 시간 속으로 __ 160
간월암에서 __ 163

## 제5부 | 내 마음의 오동나무

추억 속으로 __ 169
당호堂號를 받고 __ 172
봄눈 내리는 날 __ 175
내 마음의 오동나무 __ 178
산골 아낙으로 살고 싶어 __ 182
가을 서곡 __ 185
흔들리는 우정 __ 189
화장을 하며 __ 192
일상에서의 이탈 __ 195
꿈속의 방학사를 찾아서 __ 198

## 작품해설 | 강돈묵

애틋한 그리움과 자기 응시 __ 201

제1부

# 바람꽃

난 바람에 묻어오는 고향의 냄새를 느낀다. 지금쯤 고향에는 진달래가
지천으로 피어 있겠지. 나의 고향은 남쪽 산골이다.

# 상사화 피는 계절

비 갠 새벽 내 정원 잡초 사이에 쓸쓸히 서 있는 그를 보았다. 여름 끝자락에 이끌리듯 그가 삼복더위 속에 찾아온 것은 그리움이 너무나 깊어서였을까. 우린 바라보며 미소를 보냈다. 내가 그를 만나게 된 것은 이사를 온 두 해쯤 되었을 무렵, 내 정원에서 우연히 보게 되었다. 그때 나는 놀라움과 기쁨으로 이끌리듯 그 곁으로 갔으며 그의 손을 가만히 잡았다. 이름도 알지 못한 채 해마다 우리의 만남은 계속되고 잊은 듯 잊지 못한 채 지내온 시간. 어느 날 지인으로부터 그의 이름을 알게 되었다. 오래전에 내 마음속에 자리하고 있던 그리운 이름인 것을. 그가 내 곁에 온 것은 어쩜 운명 같은 내 그리움의 화답이었는지도 모른다. 이른봄 쌀쌀한 바람 속에서 태어나 푸른 청춘은 봄과 함께 시들어 간다. 여름날 그가 떠난 그 자리에서 연둣빛 늘씬한 몸매로 다시 태어나, 화사한 연보라색 꽃의 여인으로 변하여 누군가를 기다리고 있는 모습. 꽃과 잎이 따로따로 피어 서로 만날 수 없기에, 잎은 꽃을 그리워하고 꽃은 잎을 생각한다고 하여 붙여진 그 이름 상사화. 마치 부케를 들고 신랑을 기다리는 신부처럼 서 있는 상사화. 영원히 만날 수 없는 꽃과 잎. 하나의 뿌리에서 완벽한 이중성의 얼굴로 살아가는 꽃. 나 또한 늘 푸른 잎을 그리워하는 꽃처럼 느껴짐은 내가 그를 닮았음인가!

무성한 녹색의 계절 속에서 잃어버린 반쪽의 푸르름을 찾아 긴 목을 드리우고 울 너머 저 끝으로 시선을 보내는 고독한 너. 쓸쓸해도 자유로운 바람 속에 홀로 서서 날마다 그리움으로 길어진 꽃술. 나란히 할 수 없는 길. 꿈속에서나 만나 볼 수 있을까. 그리움의 화신이여, 우리의 사랑도 멀어진 공간 때문에 더욱 그리워지는 걸까. 오늘도 꿈길 따라 내 정원까지 찾아 왔지만 잎새는 꽃을 찾아 떠나고 그 기다림에 지쳐 또다시 스러져 갈 상사화. 늘 어긋나는 그 길목에서 꿈을 쫓아가는 나 자신을 본다. 기다림이 얼마나 가슴 아픈 일인지 기다려 보지 않은 사람은 잘 모르리라.

나는 몇 개의 얼굴로 살아가는 것일까? 문득 내 마음의 뜨락이 보이는 듯하다. 그곳에는 온갖 독선과 무관심 게으름과 불신의 잡초만 무성하게 자라나 황폐해진 내 마음밭. 그 안에 갇혀 꼼짝 못하는 자신의 모습. 하나의 나를 버리지 않으면 거듭 태어날 수 없음을 깨닫는다. 잎을 버리고 꽃으로 태어나는 상사화처럼. 나를 얽어매고 있는 잡초 더미 속에서 저 꽃처럼 아름답고 신비롭게 피어날 수 있다면, 꽃이면 어떻고 잎이면 어떠하랴. 그것은 하나의 뿌리인 것을.

이것도 저것도 아닌 어정쩡한 나의 모습이 마치 목석처럼 서 있다. 삶의 한가운데서 조금만 비껴서도 세상을 아름답고 소중하게 볼 수 있다고 했다. 꽃은 꽃대로 잎은 잎대로 소중한 우리의 삶일진대 살아간다는 것은 사라져 간다는 것이 아닌가.

꽃으로 푸른 잎으로 피어나듯, 자기만의 독특한 빛깔을 간직한 채 살아가야만 하겠다. 어둠 속에서 순간순간 새롭게 피어날 수 있다면 얼마나 좋으랴.

나는 늘 변하는 바람처럼 살기를 원하면서도 불필요한 가지를 자르지 못한 채 껴안고 살아가고 있다. 고정된 틀에서 벗어날 수 없는 사고. 언제나 똑같은 빛깔로 자신을 칠하려는 정체성 속에 감춰진 또 다른 나의 모습. 나는 어떤 모습일까. 낡은 사고로부터 벗어나고픈 욕망이 때론 그리움으로 가슴을 아프게 한다.

긴 꽃줄기 하나를 조심스럽게 잘랐다. 결코 무디어지지 않는 그 마음속의 그리움처럼 줄기 속에 감추어 있던 그리움이 눈물 되어 흐른다. 여리디여린 껍질마저도 벗지 못하는 안타까움. 가끔 난 꿈을 꾼다. 바다 저편에 아니 지구의 어느 끝에 꼭 만나야 할 누군가가 있을 것만 같은 생각이 들기도 한다. 그리워하면서도 그대를 찾지 못하는 것은 만나야 할 그 사람이 내 안에 숨겨져 있는 것이 아닐까.

한 뿌리에서 또 다른 자신을 피우는 저 상사화처럼. 내 마음 깊은 곳에 숨어 있는 그리움의 원천. 가도 가도 닿을 수 없는 애틋한 사랑은 언제까지 홀로여야 하는가!

또 다른 나를 찾아 헤매는 끝없는 방랑자가 되어 우뚝 선 자신의 그림자를 바라보며 울어 버릴지도 모르는 고독. 눈에 보이지 않아도 보이는 그대를 향한 그리움. 그대 흐른 만큼 내가 흘러 그대에게로 가야만 되겠지. 스러진 내 육신 위로 시간의 줄기는 멈추지 않고 흘러가리라.

하늘의 뜻을 조금이라도 알 것 같은 나이, 그래서 '지천명'이라 했다는데 하늘은 나를 어떤 도구로 쓰려고 하는가.

아직도 미궁 속을 헤매는 한심한 모습으로 상사화를 대하니 부끄러워 고개를 들 수가 없다. 내 마음의 가장 소중한 자신을 송두리째 잃고서도 평생 찾을 생각을 않고 사는 것이 우리네 삶인 것을. 보이지 않는 나를 찾아 헤매는 어리석은 자신의 모습, 이 밤 멎었던 비가 내리나 보다. 갈 길을 재촉하듯이, 그대가 떠나고 나면 남은 자의 가슴에는 한동안 슬픔이 자리하겠지. 계절의 바람이 불어와 낙엽이 날리면 그대 떠난 빈 뜨락에 서서 그리움으로 목이 메일지도 몰라.

그땐 또 다른 반쪽을 찾아 떠나간 그대처럼, 나 또한 잃어버린 나를 찾고 나에게로 돌아가는 그 길을 찾아, 차가운 비 내리는 저물녘에 길을 떠나리라.

지나온 삶의 무게를 홀가분하게 벗어버리고 영혼 하나 바랑처럼 걸머지고 그대 향기 따라 하늘하늘 떠나가리.

# 바람꽃

세찬 바람 속에서도 꼭꼭 숨겨 놓았던 황량한 내 뜨락을 싱그럽게 흔들어 놓는 계절. 난 창문을 통해 노오랗게 피어나는 개나리의 모습을 바라본다. 늘 그렇듯 봄은 사람의 마음을 새롭게 하고 꽃은 마음을 아름답게 한다.

난 바람에 묻어오는 고향의 냄새를 느낀다. 지금쯤 고향에는 진달래가 지천으로 피어 있겠지. 나의 고향은 남쪽 산골이다. 사방이 산으로 둘러싸여 하늘을 지붕처럼 덮고 사는 마을. 그곳에는 문명의 혜택이 늦어서 초등학교 다닐 때는 책가방을 들고 다니던 아이들이 거의 없었다. 보자기에다 책을 싸서 허리에다 꼭 차고 십 리도 넘는 산길을 뛰어 다녔다. 양철 필통 속의 연필들도 덩달아 신이 나서 박자를 맞추어주곤 했다. 학교가 끝나면 냇가에서 송사리 가재도 잡으며 해가 지는 줄도 몰랐다. 어둠이 내려오는 고향의 풍경은 한 점

수묵화처럼 아직도 내 가슴속에 남아 있다. 그때 보았던 석양, 꿈과 환상을 갖게 했던 기기묘묘한 구름들, 그때에 불어오던 그 싱그러운 바람. 바람 속에 피는 꽃들. 나의 슬픔을 잊게 해주는 자연 속에서 바람처럼 자유로운 영혼으로 자랐다.

내 속의 또 다른 나의 모습 같았다고나 할까. 난 유달리 바람을 좋아한다. 바람이 지나고 나면 갖가지 꽃들이 피어나고 또 지고 계절이 오고 가는 소리가 있기에, 가끔 바람 부는 언덕을 찾곤 한다.

바람－꽃(폭풍우가 오기 전 기상의 징후)이 피면 놀던 아이들은 집을 향해 뛰어간다. 뛰어가는 등 뒤로 먹구름은 사정없이 밀려오고 있었다. 바람의 전령은 마치 다가올 폭풍우를 예고하듯이 빠르게 우리 앞을 스쳐간다. 그것은 분명 바람들의 대행진이었다. 마을 안 곳곳을 한바탕 휩쓸고 지나가는 세찬 바람. 순간 마을은 사람들의 분주한 몸짓과 비설거지를 하며 아이들을 부르는 소리. 집집마다 개 짖는 소리로 어수선해진다. 그때 사람들의 분주한 몸짓에서 느껴지던 설렘과 공포, 어린 나를 부르는 할머니의 목소리가 바람 속에서 들려온다. 바람의 무리들이 한바탕 휩쓸고 간 뒤 적막함. 뚝뚝 나뭇가지 끝을 통해 다가오는 빗방울 소리. 가슴을 짓누르던 무언가가 씻겨가는 상쾌함. 내겐 그 바람이 축제처럼 느껴졌었다. 그날처럼 바람은 늘 가슴을 설레게 한다.

내가 바람을 좋아한다고 하면 모두들 의아해한다. 그것은 바람기가 농후한 탓이라나. 맞는 말인지도 모른다. 가슴속엔 언제나 바람이 불고 있는 자신을 바라보며 꿈을 꾸듯 사랑과 자유를 열망하는 나의 말 때문이리라. 또한 가슴이 답답할 때면 훌쩍 떠나기를 즐겨 한다. 비록 가까운 산이나 들로 나가 바람 속에 서 있지만 마음만은 전 세계를 떠도는 방랑인이 되듯이.

바람처럼 자유롭고 무심하게 살고파서일까? 무애진인無碍眞人(거침이 없고 진실한 인간)이란 글귀를 써서 내 방문 앞에다 걸었다.

황혼을 마주한 이 나이에 늘 미숙아처럼 유년 시절의 꿈을 가슴에 안고 살아가고 있으니 어쩜 난 한줄기 바람 같다는 느낌이 든다.

우리들의 삶 또한 훈훈한 봄바람 같은 날과 여름날의 그 후덥지근하고 숨 막히는 날들, 쓸쓸한 가을바람처럼 허망하고 덧없음의 날, 매서운 겨울바람 같은 그런 날들의 반복을 거치면서 사는 것이 아닐까? 나와 더불어 살아가는 모든 이에게 즐거움과 기쁨을 줄 수 있는 그런 바람. 때론 미풍으로, 여름날의 시원한 바람으로, 그들 가슴에 살며시 찾아드는 향기로운 바람으로 남고 싶다.

창문 앞 나뭇가지가 흔들린다. 바람이 불어오나 보다. 이젠 겨우내 닫혔던 창문을 열고 계절의 바람을 맞이해야겠다. 유년의 동산에서 맞이했던 바람꽃처럼 한바탕 춤이라도 추어볼까. 그날에 간직했던 나의 꿈들이 깨어날 수 있도록. 세월 속에 잃어버린 꿈을 찾아 떠나갈까, 그리운 고향으로. 아직도 그곳에는 때때로 바람꽃이 피어나겠지. 환청처럼 들려오는 정다운 목소리들. 그들은 지금 어디서 무엇을 하고 있을까.

가슴속에 바람이 인다. 먼 산의 바람꽃이 피어나듯이.

# 달맞이꽃의 마음

아직 어둠의 자락이 걷히지 않은 이른 새벽, 온몸을 스치는 상쾌한 바람을 맞으며 새벽안개를 가른다. 자전거 페달을 힘껏 밟으며 논길을 달려간다.

짧은 여름밤의 밀어가 새벽안개 속에 머물러 있다가 흩어져 간다. 미처 작별의 인사도 못한 채 서러움에 젖어있던 달맞이꽃이 화들짝 놀라 몸을 일으켰다.

길가에 피어 있는 달맞이꽃. 난 그 달맞이꽃에 특별한 관심을 갖게 되었다. 달맞이꽃이라는 이름과 그 꽃말이 어쩜 나의 마음 같다고나 할까. 비록 어둠 속에서 피어나는 꽃이지만 '자유로운 마음'을 간직한 꽃말, 어릴 적 고향 시냇가 둔덕에 피어 있던 꽃. 달빛을 온몸에 받으며 춤을 추던 그 모습. 난 지금 그 밤에 출렁이던 시냇물과 어우러지던 그 광경을 생각하면 온몸이 뜨거워진다.

가슴속에 간직한 열정을 한바탕 춤이라도 추어야만 풀릴 것 같은 그런 심정으로. 언제였던가! 산사에 계신 비구니께서 그의 절친한 신도에게 "보살님, 오늘 저녁 꽃구경 오시지 않겠어요?" 하시면서 초대를 하였단다. 그 분은 밤에 무슨 꽃구경인가 하면서 갔더니 달맞이꽃이 피는 것을 보여 드리고 싶어서라고 했단다. 꽃 피는 달밤에 차를 마시며 모처럼 즐거운 시간을 가졌다는 얘기를 들은 적이 있었다.

그때 나도 꼭 그 모습을 보리라 마음먹었지만 잊고 살았는데 올봄 문득 그 생각이 났다. 난 달맞이꽃 모종 몇 포기를 내 조그마한 정원으로 옮겨 놓았다. 여름이 되면서 키가 껑충 큰 달맞이꽃은 별 볼품이 없었지만, 꽃이 피는 것을 보리란 기대로 기다려왔다. 어느 날 아침 뜰에 나서니 간밤에 몰래 피었다 막 지려는 노오란 꽃송이가 하늘거리고 있지 않는가.

잡히지 않는 그 무엇을 향해 쫓기듯 살아온 날들, 바쁘다는 핑계로 잊었던 날들, 자꾸만 내가 한심해진다. '그래, 오늘밤은 꽃 피는 모습을 꼭 보리라.' 그러나 한 계절을 기다려 왔건만 그 몇 시간을 기다리지 못해 지쳐 방에 들어오곤 했다.

잊어버리기를 여러 날, 큰맘 먹고 그 곁에 자리를 잡고 기다렸다.

칠월의 달빛이 내리비치는 밤, 난 달맞이꽃이 되어 사랑하는 임을 기다리듯 가슴이 마냥 설렜다. 꼭 다문 입술, 벌어지지 않을 것 같은 그 새색시 같은 꽃잎, 밤의 정령들이 시간을 몰고 오고 있었다.

여름밤 미풍이 꽃가지를 흔들며 지나간다. 임이 오시는 시간이라고 알려주는 듯, 임의 발걸음 소리라도 들리는가 작게 꽃가지가 떨린다. 내 눈을 꽃봉오리에다 고정시키고 꼼짝할 수가 없다. 행여나 한 순간이라도 놓쳐버릴세라 눈앞이 흐릿하여 안개 속을 헤매듯 하여도 난 돌아설 수가 없었다. 사랑하는 임이 내 곁을 스쳐 지나가 버릴 것 같은 조바심으로. 미풍이 지나가고 난 뒤 노오란 커튼자락처럼 살포시 고개를 내미는 순간 자꾸만 뛰는 가슴, 일각이 여삼추라고 했던가.

기다림에 지친 순간 네 개의 꽃잎을 동시에 활짝 터뜨렸다. 달빛 아래 불꽃처럼 터뜨리는 모습 그 환희의 순간, 내 영혼의 주인, 창조주를 부르며 한동안 넋을 잃고 있었다. 그 달맞이꽃이 너무나 사랑스럽고 위대해 보여 열린 입을 다물 수가 없었다. 가슴속은 환희에 뛰며 내 귀에는 폭죽처럼 꽃송이가 터지는 소리로 현기증을 일으켰다. 짧은 여름밤이 지나고 나면 지고 말 것을.

자연의 신비여! 이 순간을 위해 참아 왔던 날들, 그리운 그대 진정 내게로 오셨는가. 바람처럼 달빛 타고 내게로 오신 임이여. 길고 긴 여름날 그대 오시기만을 기다리던 날. 하루가 천 년과 같았던 시간들. 삶의 아픔을 모두 잊은 채 온전히 드리려는 자세로 피어난 꽃. 자꾸만 안타까움과 서러움이 물결처럼 가슴에 밀려든다.

꽃이 피는 모습을 무심히 지나쳐 버리고 말았던 우리의 생활에서 이렇게 실제 꽃 피는 것을 볼 수 있다는 것은 생각도 못했다. 그것은 눈앞에서 펼쳐지는 환상의 세계 같았다. 자연의 신비하고 아름다운 조화를 다시금 깨닫게 하는 밤. 나와 더불어 이 시간을 함께할 수 있는 벗이라도 있었으면 좋으련만.

한평생 살면서 가슴속에 묻어 둔 얘기를 털어놓을 수 있는 진정한 벗 한 명만 있어도 인생을 잘살았다고 할 수 있다고 했던가! 내겐 그런 친구가 있는가? 선뜻 대답할 수가 없다. 헛살았구나 하는 생각이 든다. 쓸쓸한 감정이 바람처럼 스치고 지나간다.

방 안에 들어와 누워도 잠이 오지 않는다. 달빛 때문일까. 아니 나이 탓일까. 달맞이꽃이 툭툭 꽃봉오리 터뜨리는 소리가 들리는 듯하다. 눈앞에 조금 전 피어나던 꽃송이가 아른거린다. 일어나 매실주를 꺼내 불 꺼진 창문 앞에 앉아 달빛을 벗 삼아 한잔을 마신다. 사랑과 인생을 생각하며.

아직도 꿈을 버리지 못하는 난 늘 가슴앓이를 한다. 안방에서는 술에 취한 남편의 곤한 숨소리가 이방인처럼 들려오는 여름밤. 나 또한 자유로운 달맞이꽃의 마음처럼 이 밤 꿈의 여정을 떠나야겠다.

# 뻐꾸기 우는 새벽

뿌연 새벽빛이 창가에 스며드는 시간 난 부시시 일어나 현관문을 열고 뜰로 내려섰다. 새벽안개 속에 묻혔던 어둠의 여운이 훅 하고 내게로 다가왔다.

순간 덜 깬 눈을 비비며 바라본 정원은 안개의 바다에 떠 있는 수초처럼 물결치고 있었다. 잔디에 내려앉은 새벽이슬이 발목을 건드리는 정원에 쭈그리고 앉아 생각을 놓아 본다. 어느 강가에 나와 있는 착각이 들 정도로 적막한 시간, 새소리만이 고요를 깨운다. 멀리서 뻐꾸기 울음소리가 들려온다. 저 소리를 들은 지가 얼마 만인가. 생각해 보면 어제도 뻐꾸기는 울었을 텐데 난 그 소리를 듣지 못하고 있었다. 세상의 아름다운 모든 것을 듣고 보지 못한 채 흘려버린 것들이 어디 한두 가지랴.

토요일이면 20여 리가 넘는 외갓집엘 자주 갔다. 어머니가 보고플 때면 찾아가는 그곳은 어린 내겐 너무나도 멀기만 한 그리움의 길이다. 산길을 굽이굽이 돌아가노라면 산허리가 뚝 꺾인 채 허옇게 속살을 드러내고 있는 오래된 채석장엔 돌 깨는 소리와 석공들의 얘기 소리가 들리는 듯하여 차마 울 수도 없는 무서움으로 작은 가슴은 요동을 쳤던 그때. 뻐꾹새의 피나게 울던 그 소리 따라 나도 한 마리 아기 뻐꾸기가 되어 뻐꾹뻐꾹 하고 얼마나 울었던가. 저만큼 외갓집이 보이는 산마루에 올라서서 불러도 대답 없는 이름들을 목이 쉬도록 외쳤던 그 시절의 서러움이 안개처럼 스며든다.

그때의 아기새는 어미새가 되어 둥지를 틀고 앉아도 그날 산길에서 불렀던 동요가 때때로 유년의 세월을 상기시켜주곤 한다. 오늘도 내 머릿속을 맴도는 노래

엄마가 섬 그늘에 굴 따러 가면
아기가 혼자 남아 집을 보다가
바다가 불러주는 자장노래에…….

어둠이 걷히나 보다. 나무 잎들이 제각각 모습을 드러내려 한다.

어제의 일상이 오늘 또 다시 시작되고 있는 시간 주위는 수런수런 해진다.

나무에 내려와 앉았던 안개도 슬며시 작별을 고하고 있다. 어둠에서 빛으로 이어지는 자연의 순환 속에서 아직도 미련을 떨쳐버리지 못한 마음을 털고 일어서니 안개비에 온몸이 축축해져 한기를

느낀다.

잠시 들어가 누울까 하다 작업실에 들러 붓에 먹물을 듬뿍 적셔 '이백'의 시 〈산중문답〉을 써본다.

나더러 무슨 일로 푸른 산에 사느냐길래
웃으며 대답 않았지만 마음만은 한가롭다.
복사꽃이 흐르는 물에 아득히 떠내려가니
인간 세상이 별천지이다.

지금 이 순간 무엇을 더 바랄 건가! 자연은 항상 그대로인데 인간의 마음은 허공을 헤매고 있다. 삶의 무게에 지쳐 돌아보면 지나온 길가에 아름다운 꽃이 피어 있음을 뒤늦게 발견하게 된다. 안개 속에 흔들리는 저 나뭇잎처럼 비록 선명치는 않지만 늘 가까이 있는 아름다운 모든 것들을 가슴에 간직하리라.

새벽마다 내 뜰에 내리는 이슬처럼 만나는 사람들의 가슴속에 아름다운 기억으로 젖어 들고 싶다. 기억 저편 아름다운 여인으로 남아 있기를 바라는 욕심이긴 하지만 유한의 세상에서 부려 보는 최고의 허욕인가. 새벽이 멀어져 가듯 내 청춘도 새벽안개와 같이 멀어져간다. 뻐꾸기 소리와 함께.

# 능소화는 비에 젖고

창밖으로 보이는 산허리에 안개가 오르락내리락한다. 내 작은 방에서 내다보는 풍경은 마치 한 폭의 그림처럼 느껴진다. 그림 속으로 걸어가면 거기 그리운 사람들이 기다리고 있을 것만 같다.

사립문을 열고 들어서면 버선발로 뛰어나와 안아줄 사람은 없지만, 가슴은 자꾸만 고향으로 향한다. 세월은 가도 추억은 가슴에 살아 있어 때가 되면 피었다 지곤 한다. 젊은 날엔 잊었던 일들이 새삼스럽게 생각이 나니 말이다.

오늘처럼 비 내리는 날이면 창문을 통해 바라보는 앞산이 고향을 생각나게 한다. 담장 끝머리에 선자언니가 살고 있었다. 선자언니는 예쁜 처녀였다.

난 가끔 삼촌의 편지를 언니에게 전하곤 했다. 언니네 집은 동네에서 제일 크고 유일한 기와집이었다. 그 집엔 우리 집엔 없는 무화

과며 석류가 있어 가끔 내게 주곤 했다.

여름이 되면 담장 너머로 고개를 내밀고 피어있는 주황빛 꽃. 시골에서는 흔히 볼 수 없는 그 꽃은 이름도 알 수 없었지만 참 부러웠었다. 나는 유달리 꽃을 좋아해서 장독대 주변에다 코스모스와 봉선화를 심어 첫눈을 기다리는 마음으로 손톱에 물을 들이곤 했다. 어느 가을날 마당에 널려 있는 곡식 속에 꽃씨가 터져 섞이는 바람에 할아버지께 심한 꾸중을 들었고 마당가 꽃들은 사라져갔다. 시간은 나를 민들레홀씨처럼 바람에 실어 타향으로 옮겨 놓았다.

고향은 아득한 이야기로 남고 추억 또한 고향 속에 묻혀 버린 채 많은 세월이 지나가버렸다. 서울 후암동 높은 담 너머로 선자언니 집 꽃을 보았다. 그때 그 이름을 알게 되면서 언젠가는 내 정원에도 그 꽃 심기를 소원했다.

앞산이 내 정원 같은 시골에다 터를 잡으며 이르지 못한 어릴 적 꿈을 꾸며 마당에는 갖가지 나무를 심고 야생화도 심기로 했다. 고향 사립문가에 심겨 있던 구기자, 빨갛게 익은 열매는 내가 소꿉놀이 할 적마다 중요한 식재료로 사용되었었다. 또한 선자언니 집 담가에 피어있던 능소화도 심기로 했다.

능소화 꽃말은 명예라고 한다. 예전에는 양반 꽃이라 하여 양반집에나 심었다고 하니 그런 꽃말이 생겼나 보다. 또한 전설에 의하면 소화라는 어여쁜 궁녀가 임금의 눈에 들어 후궁이 되었으나 어쩐 일인지 다시는 찾지 않는 임금을 그리워하며 기다리다 죽은 후,

그 자리에서 피어난 꽃이라고 한다. 찾아와 주지 않는 임의 발걸음 소리라도 들을까 하여 담장 너머로 고개를 내밀고 오늘도 기다리는 꽃. 능소화는 한꺼번에 피는 것이 아니라 여름내 피고 진다.

기다리다 시들지도 못하고 송이째 뚝 떨어지는 그 모습이 아름답고 처연해 보인다. 나는 누군가를 저렇듯 기다려 본 적 있던가!

가슴속에 간직한 그리움도 꿀꺽 삼킨 채 체념해버리는 자신. 기다림이란 꿈을 간직하는 것이 아닌가.

빗속으로 걸어오는 발 소리라도 들림일까. 꽃가지가 흔들린다.

임은 아니 오시고 무심한 바람만이 가지를 흔들고 지나간다. 눈물 가득 담은 꽃 한 송이가 툭 떨어진다. 잊은 줄 알았던 내 안의 그리움도 살아나는 시간, 가슴에 싸한 바람이 스쳐간다.

땅에 떨어져도 그 품위를 잃지 않으려는 능소화의 환한 미소가 쓸쓸해 보이는 것은 나의 착각만은 아니리라. 사랑의 그리움과 회한도 이제는 무디어졌을 시간이지만 가슴 한 자락 풀지 못한 상처가 남아 한이 되었음인가.

떨어진 꽃송이를 주워 책갈피에다 넣었다. 누군가는 너를 잊지 않고 있다고 말하고 싶어서일까? 아님 누군가가 나를 잊지 말기를 바라는 마음일지도 모르겠다.

어둠 속에서 빗소리가 점점 세차게 들려온다. 사랑이여, 아득한 그 공간을 거슬러 오르면 내게로 다시 올 수 있을까. 저 비처럼.

# 피는 꽃자리는 달라도

느슨한 휴일 아직은 쌀쌀한 삼월의 바람 앞에서 선뜻 나서지 못한 채 창밖의 풍경을 물끄러미 바라보고 있다. 이미 봄은 내 뜰 안 곳곳에 와 있었다.

겨우내 버려진 정원의 나무 밑 낙엽 아래서 무언가 수런수런 움직이듯 자꾸만 나를 부르고 있다. 반짝이는 봄 햇살의 유혹이었을까. 이끌리듯 뜰로 나와 낙엽을 가만히 헤쳐 보았다. 여기저기서 생명의 아우성이 나를 현란한 착란 속으로 빠져들게 한다. 순간 가슴속으로 번져오는 이 환희. 겨울밤 은하수를 이루던 수많은 별들이 달빛 타고 내 조그마한 정원에 내려와 노닐다가 아침 햇살에 붙들리어 꽃으로 피어났음인가. 찬바람 속에 아직도 떨고 있는 이름 모를 작은 보랏빛 꽃잎.

봄의 정령들인가. 겨울바람 속에서 웅크리고 있던 마음밭이 오늘 또다시 꿈틀거리고 있는 것을 보니 가버린 청춘의 봄이 가슴 깊숙이 자리하고 있었나 보다.

낙엽을 긁어모아 마당가에다 소복이 쌓아 놓고 불을 지폈다. 겨울과 봄이 교차하는 삼월에 연례행사처럼 의식을 갖지만 해마다 새롭게 느껴진다.

낙엽 타는 냄새가 잃어버린 향수처럼 코끝을 간질이며 눈물을 돋게 한다.

어린 시절, 정월 대보름날 저녁이면 논 가운데 하늘을 향해 거대하게 세운 달집. 휘영청 밝은 달빛 아래 활활 타오르던 그 불꽃의 장관. 사내아이들은 깡통 속에 불을 피워 돌리고 계집아이들은 달집 주위를 맴돌면 신나는 한판 축제였었다.

그때 하늘의 별들이 사방으로 쏟아져 내리는 것을 보았지, 그 매캐한 냄새는 그리운 고향의 내음이다. 아니 아련한 슬픔이었다. 어느 이른봄 바구니 가득 쑥을 뜯어 오던 날. 할머니는 머언 길 떠나셨고, 저승길 밝히며 밤새 타오르던 모닥불. 불빛에 어른거리던 그 모습들이 마치 춤추는 유령들 같아 두려움으로 가슴 졸이던 기억. 그때 어린 소녀는 죽음을 어렴풋이 알았고 끝내는 통곡해 버렸던 그 밤. 봄은 아팠던 긴 겨울의 꽃으로 피어나려 한다. 모닥불에 훨훨 타는 낙엽들의 몸부림. 잊고 싶었던 내 유년의 추억들이 재가 되어 날린다.

이제는 저 재처럼 다 타고도 남았을 세월, 그 세월을 불러 놓고 할퀴고 지나간 자리에 꽃처럼 피어난 주름살을 바라보며 자조하는 내 삶의 현실 앞에서 허무와 봄이 주는 설렘으로 가슴이 뛴다.

죽은 나무 가지를 잘라 불 위에 던졌다. 어두워지는 뜰 안을 비추며 불꽃이 살아난다. 허공을 향해 휘날리는 장삼 자락처럼 무수한 불꽃들이 허공을 향해 펴져간다.

그날도 이렇듯 뜰에 불을 지폈지. 막내며느리인 내가 청주로 내려오면서 모시게 된 시어른들. 함께한 지 칠 년이 지나 모두 가시고 텅 빈집에 돌아와 남은 옷가지를 정리하여 태우면서 눈물 흘렸던 기억. 남은 자의 가슴에는 불효의 흔적만 남아 있어 후회스럽던 일. 고단한 우리들의 삶이 불꽃 되어 흩어지던 허망한 그 순간들. 까마득히 잊고 살았던 그때가 오늘 겨울을 태우며 생각나는 것은 나 또한 황혼을 향해 가기 때문이리라. 우리의 인생도 저 재처럼 후회 없이 사라져 갈 텐데.

바람이 일어 꺼져가던 불꽃이 다시 소생하는 걸 보면서 아직 내 안에 소망이 있어 꺼질 수 없는 생명을 보는 듯하다. 내가 숨 쉬고 있는 그날까지 봄은 내 안에서 씨앗(희망)을 간직하고 있음인가. 어김없이 찾아오는 계절이지만 난 또 봄을 앓는다. 한번 피었던 꽃자리에는 다시 피지 못함을 알지만 그 나무에서 또 다른 꽃이 피듯 나 또한 지나간 청춘의 봄은 아닐지라도 나만의 꽃을 피우리라.

한 마리 날지 못하는 학처럼 모닥불 가를 맴돌며 춤을 추어 본다. 언젠가는 비상하는 꿈을 꾸며. 겨울과 봄이 교차하는 이 계절의 밤에 지나온 세월의 편린들이 밤하늘의 유성처럼 무수히 날린다.

이 봄 피는 꽃자리는 달라도 향기로운 마음으로 피어나리라.

# 고향의 들꽃처럼

오래전에 그곳을 떠나오면서 잊은 줄 알았다. 하나 해마다 더욱더 그리워하는 것은 어째서일까. 그리움 속에 잠들었던 그 빛깔, 그 향기, 시린 내 영혼의 방랑 끝에 그곳은 안식처인가? 다시금 불러보는 그리움인가.

타향도 정이 들면 고향이라고 하던데 내가 태어난 그 산골보다 더 많은 세월을 도시로 떠돌며 살았었건만 지금도 꿈엔 어린 시절 뛰놀던 고향집을 서성거린다.

해마다 봄의 전령인 매화의 소식이 전하여 오고 산수유 축제가 열리는 곳. 산 하나 넘으면 푸른 바다가 넘실대는 남도의 끝자락. 섬진강 줄기 끝에 자리잡은 가난하고 아름다운 내 고향 광양. 산과 바다가 동양화처럼 펼쳐진 그 땅에 나의 탯줄도 묻혀 있으리라.

먼 과거는 아름다운 추억으로 다시금 가슴을 적셔준다. 못 견딜 아픔과 슬픔마저도 아쉬움과 감미로움으로 남아 있는 추억의 베일. 눈길 주는 곳마다 초록의 세계가 열리고 있는 계절. 생명의 근원을 찾아 강물을 거슬러 오르는 연어처럼 자꾸만 귀향을 꿈꾼다.

마음만 먹으면 몇 시간이면 갈 수도 있는 고향이지만 시간의 흐름을 거슬러 올라간다는 것이 얼마나 힘든 일인지. 그곳을 향하는 이 영혼의 목마름은 무엇인가.

삶의 바다를 헤매다 길을 잃었음인가. 돌아갈 물길을 찾지 못한 연어가 되어 오늘도 고향의 내음을 그리워한다. 생각해 보면 그렇게 아름다울 것도 행복했던 시절도 아닌 고독과 슬픔이 겹겹이 쌓여 녹아든 추억만 간직한 서러운 땅이었는데 지금은 무지갯빛으로 채색되어진 고향. 생각만 하여도 눈시울이 붉어진다.

산모롱이 굽이굽이 학교 가는 길. 계절마다 피고 지는 들꽃들을 꺾으며 오가던 산길. 징검돌 건너던 아이들. 장마 때면 불어난 시냇물을 건널 때마다 나를 업어 건너 주던 옆집 철이. 그는 지금도 모두 떠나버린 고향을 지키는 텃새가 되어 철새처럼 찾아오는 동무를 기다리는 머리카락 희끗희끗한 할아버지가 되어 있겠지.

한가한 날이면 동구 밖 느티나무 아래 앉아 우리들의 아버지가 그러했듯이, 막걸리 한잔 거나해지면 대처에 나가 제법 많은 재산을 모았다는 아들 얘기로 하루를 마무리할지도 모르지. 젊은 날의 정열은 흐르는 물과 같아서 망각의 세월을 보냈었는데, 추구하던 행복과 희망, 사랑을 찾지도 못한 도시는 자꾸만 영혼을 삭막하게 하고 있다. 강을 거슬러 올라가 추억 속의 마음을 찾아내면 행복해질까.

난 고향을 보고 느낄 수 있는 아무런 물건도 친구도 없다. 다만 유년의 기억만 간직하고 있을 뿐이다. 때때로 바람처럼 그곳의 얘기만 전해들을 뿐. 고향 생각이 날 때마다 꺼내 볼 수 있는 개울가 돌멩이라도 주워올까. 어느 애국지사처럼 흙이라도 한 줌 담아올까?

고향의 흙과 돌을 만지면 그리움을 달랠 수 있을까? 짐승도 고향 쪽으로 머리를 두고 죽는다고 한다. 인간 또한 생이 끝나면 북녘을 향해 머리를 둔다고 했다.

북극성 아래 그곳이 인간 태초의 본향이라고 한다. 이승을 떠날 때 본향으로 돌아간다는 영혼의 염원이라고 하니 누구나 고향은 그리움의 대상인가 보다.

세월은 흘러도 자연은 변함없이 순환의 법칙을 지키고 있지만, 우리네 인간은 흐르는 물처럼 다시 되돌아갈 수 없는 시간의 영역을 지나고 있음이랴. 눈을 감으면 고향이 내 안에 있다. 멈춰진 시간 속에서 유년의 나를 만난다. 저 고향의 언덕에 누워 무지갯빛 꿈을 꾸던 소녀. 광양만 갯벌에서 조개를 줍던 철부지 아이는 늦가을 억새처럼 하얀 머리칼을 이고 황혼들녘에 기대어 있다.

영원한 그리움의 대상인 고향. 그 고향의 언덕에 피어난 들꽃처럼 아름답게 꽃잎을 날리는 삶이고 싶다.

# 찻잔에 뜨는 매화

간밤 비에 겨우내 메말랐던 대지는 생기가 인다. 뜰 앞 매화 가지에 설화처럼 맺힌 꽃망울이 봄볕 속에 눈이 부시다. 아직도 내 안에는 겨울이 남아 있는데. 계절은 또 다른 시간 속으로 다가와 있었다.

지난해에 마련한 매화차가 아직도 남아 있지만, 나는 또 다시 계절을 타며 그리움을 키운다. 소녀의 젖망울처럼 봉긋한 꽃송이를 고르며 가까운 지인들을 불러 매화 향기 그윽한 차 한 잔을 나누어 마실 생각으로 가슴이 설레어온다.

세월이 지나도 해마다 피어나는 매화처럼 우리의 우정 또한 그렇게 지속될 것을 믿으며 차 준비를 한다. "고요히 앉아 차를 반이나 마셨는데 향기는 처음 맛이 우러나오매 물이 흐르고 꽃이 피는 경지에 이르게 한다." 이는 추사 선생이 차를 표현한 것이다. 차를 마시는 것을 다도라 하여 특별한 사람들만이 행하는 것이라고 생각했다. 그러나 도는 성품이요 마음이라고 한다. 우리는 형식만을 가지고 도를 생각하기 때문에 어렵게 느끼게 되는 것이다. 생활 속에서 차를 마시는 행위는 얼마나 자연스러운 일인지를 깨닫지 못하고 하는 말이다. 물론 차를 마시는 행위는 도를 행하듯 마음을 다스리는 예의범절을 같이 행하기 때문임을 알지만, 어떠한 형식을 취하는 것이 다도가 아니라 차의 근본과 나의 성품을 밝혀서 알아 가는 것이 다도인 것이다.

홀로 앉아 창밖 풍경을 바라보며 유유자적하게 마시는 차는 살아온 인생의 자취를 뒤돌아보게 하고, 자아를 만나게 하는 시간을 갖게 한다. 떠나간 사람이 그립고 추억이 생각날 때 홀로 마시는 차는 푸른 오월처럼 아득한 꿈속을 헤매게도 한다. 화창한 봄날, 소낙비 쏟아지는 여름날, 함박눈 내리는 겨울, 단풍이 붉게 물든 가을에 다정한 사람과 마주하여 마시는 차는 최고의 기쁨이리라.

천지만물이 다 나름의 색과 향을 지닌다. 인간의 오묘한 감정은 어떠한가? 자연의 변화보다 더 알 수 없는 세계를 지니고 있지 않은가. 현대인들의 대부분은 바쁘다는 핑계로 커피도 일회용으로 후루룩 마셔버리고 만다. 짧은 휴식마저도 허락하지 않는다. 정말 바쁜 것인지 마음의 여유를 갖지 못함인지 다시 한 번 생각게 한다.

나는 가끔 차 한 잔을 놓고 계절을 마신다. 머리가 복잡하고 몸이 지칠 때 찻잔을 앞에 두고 앉아 있노라면 작은 잔 속에서 밑 모를 깊이를 느낄 때가 있다. 그 다갈색에서 풍겨 오는 무형의 향이 푸른 숲과 계곡을 연상하게 한다. 목련, 제비꽃, 들국화, 매화, 연꽃, 계절이 찻잔 속에 들어와 나의 마음을 풍요롭게 하여준다.

이 봄 나는 또다시 매화 향에 취하며 찻잔에 피어나는 매화를 그려본다. 아직 잔설이 남아 싸늘한 바람이 옷깃을 여미게 하는데 매화가 먼저 와 봄을 부르고 있다. 이제는 서재로 들어가 설중매 한 점 그려놓고 그 곁에 앉아 매화 향이 그윽한 차 한 잔 마셔 볼거나. 나의 인생도 찻잔에 흐르는 매화 향처럼 그윽해질 수 있도록. 겨울 속에서 맞이하는 봄이 반가운 마음에 좀 무리를 했나 보다. 가벼운 몸살기가 느껴진다. 때때로 몸 상태를 잊고 사는 나는 이럴 때마다 내가 환자임을 깨닫게 된다.

따끈한 찻잔 속에서 피어나는 매화. 매화 향기는 그리운 고향의 내음이며 잊었던 벗들이 생각나는 향기이다. 차 한 모금을 마시며 유년의 시간 속으로 여행을 한다. 찻잔에 뜨는 매화는 나를 언제까지나 꿈을 꾸게 한다. 그리운 고향의 꿈을.

# 국화 향기에 취하여

대문을 밀고 들어서면 국화 향기가 나를 들뜨게 한다. 난 가만히 숨을 고른다. 가슴 깊이 숨을 들이쉬면 한 송이 국화가 된 듯하다.

지난해 선물 받은 국화 화분을 꽃이 진 다음 대문 곁에다 심었더니 이 가을 형형색색으로 피어나 온 집안을 향기로 취하게 한다. 국화는 뭇 꽃들이 지고 난 늦가을 서리 속에 피어나 맑은 향기를 풍기기에 옛 선비들과 시인, 묵객들이 그 지조와 고고한 기풍을 찬미해 왔었다. 국화는 사군자의 한 부분을 차지하여 당당히 그 고절한 성품을 인정받고 있지 않은가!

시인 이규보는 국화를 가을 신神의 눈물겨운 노력으로 인고 끝에 피어난 꽃이라고 읊었다. 우리네 삶도 젊은 날의 향기보다 인생의 황혼에 맞이하는 그윽한 향기를 더욱 소중히 여김과 같은 것이리라.

나는 들어서던 발걸음을 멈추고 국화 앞에 앉아 꽃잎을 손으로 가만히 쓰다듬었다. 어디선가 소쩍새 슬픈 울음소리가 들리는 듯하다. 먹구름 속에서 치던 천둥소리마저도 들리는 듯하는 것은 서정주님의 시 속 풍경이 국화를 통하여 내게 전해 옴인가.

꽃잎을 하나하나 뜯어 채반에다 널었다. 소국 한 송이를 이루고 있는 꽃잎이 무려 80~90개가 넘는다. 소복이 쌓인 꽃잎을 집어 손가락 사이로 떨어뜨려 보았다.

순간 온 우주에 꽃비가 내리는 착각에 빠져들었다. 꽃잎을 말려 베개 속에 넣어 긴 겨울밤, 그 향기 따라 백설의 들녘을 지나 꽃의 정원에서 기다릴 그리운 임을 만나는 꿈의 여행을 떠나리라.

열려진 대문 안으로 옆집 할머니가 꽃내음이 좋다며 들어선다. 꽃잎을 따는 나의 행동이 이상했는지 멀쩡한 꽃은 왜 따느냐고 의아해한다. 베개 속에 넣으면 그 은은한 향기가 너무 좋고 국화주 또한 그 풍미가 일품이라고 했더니 술이 익거든 한잔하자고 하신다. 국화꽃 몇 가지를 꺾어 할머니를 드리고 나 또한 오지항아리에다 듬뿍 꽂으니 온통 가을이 내 안으로 밀려온다. 눈을 감으니 내 안에 산이 있고 거기 갖가지 가을꽃이 피어 있다.

고향의 들판에 지천으로 피어 있는 들국화. 거기 내 어린 시절 모습이 보인다. 고향을 떠나 사는 사람들에게는 들국화는 고향을 생각나게 한다.

자연의 속성을 벗어나는 삶을 살수록 마음은 피폐해지고 물질문명이 주는 정신의 혼탁함으로 우리 자신을 잊고 살아가고 있는 현대인. 이토록 가을바람 속에서 피어나는 꽃을 대하면 잊었던 본성을 일깨우게 되어 다시 한 번 자신을 뒤돌아볼 수 있는 계기가 되는 것이다. 내 안의 꽃밭을 거닐며 지나온 날과 나아갈 길을 생각해 본다.

꽃도 연중 피어 있다면 감동을 주지 못할 것이다. 피었다 지고 또다시 피기 때문에 새로움으로 놀라워하지 않는가. 가을 낙엽이 지는 것을 아쉬워만 할 것이 아니라 묵은 잎이 지고 나면 새잎이 피어나듯이 자신도 불필요한 아집과 독선을 다 버려야만 홀가분한 마음으로 새롭게 피어날 수 있지 않을까.

순간순간 꽃처럼 새롭게 피어나는 습관을 들여 매순간 자신의 영혼을 가꾸는 일에 게을리하지 말아야겠다. 오늘을 살아간다는 것은 죽음을 더욱 가까이 한다는 것. 삶의 배후에 죽음이 받쳐주고 있기에 우리의 삶이 더욱 빛나는 것이 아닐까? 맑고 향기롭게 살려면 자연의 순리를 그대로 받아들여야겠지. 맑은 공기와 시원한 바람, 꽃과 새소리, 별이 빛나는 밤하늘, 계절의 변화, 그 속에 자연의 일부인 자신의 존재가 얼마나 미미한 것인가. 꽃처럼 피었다 사라져 갈 우리네 인생, 삶이 다하는 날 아름답게 미련 없이 선뜻 버리고 떠날 준비를 하여야겠다. 저 가을 낙엽처럼.

가을은 잎이 가지를 떠나고 열매가 나무를 떠나는 계절. 나 또한 먼 길을 떠나고 싶어지는 계절이다. 어디론가 목적지도 없이 훌쩍 떠나고 싶다. 가슴에는 바람이 일고 하늘은 나를 유혹한다. 늘 떠나는 연습을 하면서도 떠나지 못하는 것은 나를 에워싸고 있는 현실의 굴레 때문인가. 이 속박에서 벗어나지 못하는 자신의 우유부단함 때문인지 알 수 없지만 늘 떠남을 꿈꾼다. 사색의 계절에 난 생각과 생각을 끊임없이 하면서도 내 삶의 진정한 주인공 노릇을 못하는 것 같다.

나를 필요로 하는 삶의 주인공이 되어야 함을 알면서도 늘 그 언저리를 맴도는 구경꾼처럼 서성이고 있는 자신을 본다. 국화 향에 취하여 돌아본 내 삶에서 무엇을 버리고 무엇을 취할 것인가. 나의 황혼이 국화 향처럼 향기로울 수만 있다면 후회 없는 일생이라 할 수 있지 않을까.

국화를 완성하는 데는 술이 있어야 한다고 한다. 거기다 임이나 벗이 있어 대작할 수 있다면 더욱 흥을 돋울 수 있을 것이다. 꽃잎이 술잔에 들어와서 그윽한 향기를 보내주니 가을이 더욱 정답게 느껴지리.

국화 몇 송이를 땄다. 늙지 않는 국자동(중국 주나라 신하)처럼 국화주를 마시며 나 또한 젊음과 장수를 기원해 볼거나.

# 가침박달꽃 그늘 아래서

그녀를 만나기 전까지 이런저런 상상을 했다. K 교수님의 수필 속 그녀는 여승의 미소라고 표현했지만 과연 어떤 모습인지 보지 않고는 알 수 없었다. 미소의 주인공은 나를 사로잡았고 난 그 이름만으로 그녀를 사모하게 되었다. 봄은 몇 번을 왔다가도 우리의 해후는 이루어지지 않았다.

누군가를 그리워한다는 것은 가슴속에 꿈을 꾸게 하는 것. 보고플 땐 달려 갈 수 있는 곳에 그녀가 있다는 것을 알면서도 몇 해가 지났던가. 선녀처럼 오월 푸른 숲을 이고 그녀가 다시 찾아온다고 한다.

그녀를 위해 문학의 밤이 그곳에서 열린다 하여 하던 일 잠시 접고 달려온 화장사. 경내에 들어서니 찬불가가 마음을 숙연하게 한다. 사찰이란 언제나 속세에 들뜬 우리의 마음을 정연하게 하는 것 같다.

그녀가 있다는 뒷동산으로 발길을 돌리며 바라본 산자락에 배꽃 같은 모습으로 무심히 나를 맞이하고 있었다. 푸른 오월의 숲속에 오색의 꽃보다도 더 찬란한 흰 나비 떼의 군무. 그 아름다움 속에 서서 진한 슬픔 같은 걸 느꼈다. 바람에 흔들리는 몸짓으로 미소 지을 듯 말 듯한 그 모습이 내겐 고독한 여인네 같다고나 할까. 어쩜 모든 것을 초월한 스님의 미소인지도 모른다.

한 줄기 안에 꽃과 열매가 공존하는 모습이었다. 바람결에 스쳐오는 은은한 향기. 가지마다 송이송이 눈물처럼 피어난 꽃송이들. 병석에 누워 계신 어머님의 모습이 거기에 있었다. 푸른 잎 하얀 미소로 하늘거리는 모습 속에 봄날 꽃길 따라 먼 길 떠나시던 할머니의 꽃상여 같은 흔들림. 봄은 슬픔의 계절로 늘 다가왔다. 찬란한 봄날 가침박달꽃 그늘 아래 앉아 잠시 생각의 여행을 떠나본다.

산모롱이 돌아가던 상여 끝에 가물가물 흔들리던 만장의 깃발들이 어느새 흰나비가 되어 하늘거리며 날아든다. 흰나비는 슬픔의 상징이라고 눈을 감으며 고개를 젓던 계집아이는 어느새 훌쩍 늙어버려 황혼을 마주하고 있지 않은가. 그 봄날의 서러움은 오늘 또다시 아련함으로 떠오른다. 아직도 흰나비 증후군이 있나 보다. 애써 외면하려는 마음이니.

난 꽃그늘 아래 앉아 무수한 흰나비 떼를 연상하고 있다. 이승과 저승을 오가는 또 다른 생의 고리 같은 나비. 그 나비의 화신인 양 하늘거리는 가침박달.

세상의 현란한 색상 모두 버리고 하얗게 피어난 꽃. 무심히 흘러가는 구름인 양 봄날 아침 안개처럼 소리 없이 왔다가 영원한 시간 속으로 떠나가려는가. 이렇듯 하얗게 피어나려면 가슴속 회한을 떨쳐버릴 수 있는 몇 겁의 생을 거쳐야만 되는 것일까? 절 마당에 가득 피어있는 유혹의 꽃들이 마냥 손짓하는데 환한 눈물을 이고 이봄 가침박달 꽃봉오리 벙근다.

순백의 미소로 마음의 헛된 유랑의 피 말갛게 씻어 내리려는가.

눈물 속에 번져오는 그리움. 바람이 분다. "인제 가면 언제 오나어어~." 바람결에 실려 오는 요령소리. 멀어져가는 할머니의 상여 끝에 꽃이런가 나비런가!

가슴속엔 가득한 눈물주머니 간직한 채, 어느새 나도 한 마리 나비되어 춤을 추며 그 뒤를 따른다.

"뭐하세요. 어서 오셔서 차 한잔하세요." 누군가 부르는 소리에 놀라 눈을 뜨니 꽃잎이 날리고 있었다. 나른한 봄날 영겁을 향해 날고 싶은 나의 몸짓이었나 보다.

가침박달 꽃잎 날리는 봄날 나의 삶의 깨침은 무엇이던가.

---

* 가침박달꽃: 청주의 보호수. 일명 깨침꽃이라고 한다.

제2부

# 가리워진 길

평범한 삶을 살기를 희망했는데. 나의 깊은 슬픔보다 더욱 간절한 그 마음을 알기에 이제는 그 애를 보내려한다. 가슴엔 바람이 인다.

# 내 마음 해바라기 되어

어둠의 장막이 비로드처럼 드리워진 고속도로. 그 위를 달리면서도 내 마음은 아직도 네 등 뒤에 머물고 있다. 자꾸만 눈꺼풀이 떨리어 오는 것은 조금 전 수녀원 앞에서 헤어진 막내딸 아이 때문이다.

그 애가 처음 그곳을 간다고 했을 때 방황하던 내 마음이 오늘 또 다시 흔들리고 있다. 휴가를 끝내고 돌아가는 딸을 배웅하려고 수녀원 담 밖에 섰을 때 가슴을 휑하니 쓸고 가는 바람. 그때처럼 슬픔이 일렁인다. 걷고 싶다는 그 애를 조금 못 미쳐 내려 주고 바라본 뒷모습. 끝끝내 뒤 한번 돌아보지 않고 골목길을 돌아서던 딸. 가슴엔 비가 내린다.

그 애가 초등학교 일 학년 때 난 가게를 하느라고 학교에 데리고 다니지 못했다. 등교 시간이면 가장 바쁜 시간인 문구사 일이 그 애를 늘 쓸쓸하게 해주었나 보다. 어떤 날은 엄마 손을 잡고 가고 싶은 마음에 잔뜩 골이 나서 타박거리며 걸어가면서도 한마디 투정도 않던 내 어린 딸. 지금 그 애가 걸어가는 그 길에 이 엄마가 동행할 수 없음이 가슴 아프다. 시간은 우리를 기다려 주지 않고 흘러가고 있는데 사는 게 바쁘다는 핑계로 미루어 오던 일들. 이제는 엄마의 손을 붙잡지 않고 그 애가 가고 싶은 곳으로 당당하게 걸어가고 있지 않은가.

한번 만이라도 손을 내밀어 이 어미를 부른다면 어디든 따라가련만. 딸애는 무엇을 생각하며 그 길을 걷고 있을까. 등 뒤에 걸머진 륙색이 삶의 무게처럼 힘에 겨워 보이는 것은 나의 마음 탓이리라.

태양처럼 빛나는 청춘의 나이에 규범과 절제의 성 속에 자신을 가두어버리는 까닭은 대체 무엇이란 말인가. 삶의 형태도 가지가지이지만, 언젠가는 내 품을 떠날 것을 번연히 알면서도 이렇게 예상치 않은 길로 떠날 줄이야. 때로는 자신이 가지 못한 길을 부러워도 하고 동경도 했건만 막상 평범치 않은 삶을 선택한 딸을 대하니 도무지 용납이 되지 않았다.

자식에 대한 부모의 지나친 옹고집이라고나 할까. 다른 사람보다 내 자식은 더 멋있게 부유하게 살아야만 한다는 이기심, 부모가 갖지 못하는 모든 것을 자식에게 거는 보상심리 때문일까? 자식의 행복을 위해서라는 미명 아래 부모의 욕망과 야망을 자녀들의 어깨 위에 걸머지게 하여 그들의 걸음걸이를 힘들고 지치게 하지 않았는지. 스스로는 아니라고 하면서도 알지 못 하는 사이에 그 애에게 많은 부담을 주었는지도 모르겠다. 이렇게 멀리서 지켜보는 이 마음, 천국과 지옥이 이런 것인지…….

두고 온 딸의 뒷모습이 영상 속의 한 장면처럼 나를 붙잡고 놓지 않는다. 둘이 있어도 또한 더불어 살아도 모두가 혼자되어 가는 길인 것을. 누구든 자신의 길을 영원히 혼자 가야함을 알지만, 왜 이토록 아쉬움이 쌓이는 것일까. 수도자의 길은 너무나 높고 험하여 하늘의 소명을 받아야만 갈 수 있는 길이라고들 한다. 그 길을 따라 자신의 삶을 조종하고 있는 딸.

"진실로 무엇인가를 소유하고자 한다면 자신의 것임을 주장하지 말라."라는 글을 어느 책에서 읽었다. 이제는 나만의 딸이 아닌 모든 이들의 사랑받는 딸로서 봉사할 수 있도록 그 애를 붙들고 있는 이 집착의 손을 놓아야 할까 보다. 작은 것을 버림으로써 더 큰 것을 원하는 어미의 마음으로 나의 육신을 통해 이 세상에 왔지만 나의 소유는 아니지 않은가. 진정한 사랑이란 그를 자유롭게 날갯짓할 수 있도록 도와주는 것이리라. 그러나 이러한 생각은 생각으로 끝날 뿐 시시때때로 변하는 모성. 가슴속을 흐르는 뜨거운 강물의 의미는 무엇인지.

서로의 입장에 서서 괴로워했던 시간들. 자식에게 갖는 지나친 욕심이 오늘 나를 슬프게 하는 것일까? 어린 시절 어머니가 멀리 떠나고 나는 할머니와 같이 살았다. 어머니가 보고프면 20리 길이 넘는 외갓집엘 찾아가곤 했다. 그곳에 가면 어머니 소식이라도 들을 것 같았기에 무서운 산길도 그리운 마음을 막을 수는 없었다.

지금 내 딸도 자신의 목표가 뚜렷하기에 험한 그 길을 택하였으리라. 너를 보내고 억지로 숨 쉬는 세상. 수녀원 담장이 왜 그리도 높던지. 돌아서서 쳐다본 하늘, 거기 내 마음 한 자락 구름으로 떠다니고 있었다. 겨울바람이 거셀수록 봄이 더욱 기다려지듯 언젠가는 이 세상 포용할 수 있는 큰수녀 되어 오늘의 이 슬픔이 기쁨으로 채워질 수 있는 날이 오기를 간절한 마음으로 너를 보내리.

내가 살아가는 동안 간간이 딸을 그리워하며 보고파 하겠지. 영원히 치유할 수 없는 가슴앓이로 태양을 향해 도는 해바라기처럼, 이 어미의 마음은 사랑하는 딸을 향해 끝없이 돌고 돌겠지.

# 사랑이라는 이름으로

사람은 한평생 살아가면서 많은 우여곡절을 겪으며, 또한 잊으며 살아가고 있다. 만약 망각이 없으면 미치고 말 것이다. 며칠 전 막내딸한테서 편지가 왔다.

아빠의 생일 축하 선물로 책을 보내왔다. 책을 받은 남편은 답장으로 상품권을 보냈다고 한다. 이렇게 편안한 마음으로 되기까지 8년이란 시간이 흘렀다.

대학을 졸업하고 유학 준비 중에 잠깐 학원 강사를 하고 있던 막내딸은 나에게 장문의 편지를 보내왔다. 자신의 진로를 적은, 아니 부모한테 보내는 통첩 같은 것이라고 해야 할 것이다. 공부를 하여 성공하는 것도 중요하지만 수녀원에 가는 것을 더욱 원한다는 것이었다. 순간 나는 아무 생각이 나지 않았다. 마치 꿈을 꾸는 것만 같았으니까. 딸애의 눈에 비친 부모의 삶이 아무런 의미를 부여해주지 못했음이었을까. 그날부터 우리 사이는 거의 전쟁이나 다름없었다.

어떤 이들은 한집안에서 성직자가 탄생하는 것을 무한한 영광으로 여긴다며 축하를 하기도 하지만, 엄마인 나의 심정은 도무지 용납이 되지 않았다. 신앙을 갖지 않은 남편의 반대 또한 심했다. 그러나 딸의 확고한 생각을 꺾을 수는 없었다. 때론 달래며 또한 억지를 써가면서 딸애의 생각을 돌리려 했으나 결국 딸에게 우리 부부는 지고 말았다.

부모로서 기대했던 자식에 대한 욕심 때문에 딸애를 더욱 괴롭혔던 것만 같았다. 자식은 부모의 소유물이 아님을 알면서도 자신의 보상물로 생각할 때가 있다. 우리도 은연중에 그런 생각을 갖고 있었나 보다. 어쩜 자식을 사랑한다는 미명 아래 딸을 괴롭혔는지 모른다.

봄날 딸은 수녀원에 들어갔다. 딸을 수녀원에 보내놓고 돌아서는 하늘은 왜 그리도 시리던지, 돌아오는 고속도로가 안개속이었다. 참된 신앙인이 되지 못한 엄마는 얼마나 많은 시간을 방황했는지 모른다.

한해 한해 세월이 흘러가면서 아팠던 가슴에 새로운 사고의 새싹이 자라고 있었다. 딸이 원해서 가는 길인데 그 길에서 보람과 행복이 있기를 빌어야 했다. 그러나 나는 딸을 만날 때마다 돌아오라는 유혹을 했다. 마치 그래야만 되는 것처럼. 딸애는 그곳의 생활이 좋다고 한다. 하느님의 부름을 받은 허원식이 있던 날, 우리 부부는 딸의 선택을 축하해주었다. 딸은 지금 서강대 대학원에서 종교학을 공부하고 있다. 유학은 못 갔지만 또 다른 길을 선택하여 자신의 길을 걸어가고 있는 그 애가 이제는 대견스럽다. 큰딸을 통해서 이번 주말에 만나고 싶다고 연락이 왔다. 세 모녀가 만나서 맛있는 음식을 먹으며 즐거운 이야기를 할 생각을 하니 가슴이 뛴다. 이제는 그 애가 떠나던 날의 슬픔도 괴로움도 지나간 과거의 일일 뿐이다 우리는 오늘이 더욱 소중하다는 것을 알고 있다.

오늘이 고달프고 슬플지라도 내일이면 잊히지리니 삶이란 그런 것이라 생각하며 살아가리라. 다만 딸이 가는 그 길에 신의 가호가 있기를 기도할 뿐이다.

# 부채 속에 사랑을 실어

비껴 떨어지는 빗방울이 창문을 두드린다. 문을 여니 앞산이 빗발에 씻겨 출렁이는 파도처럼 흔들리며 내게로 다가온다. 여름 햇살 속에 척척 늘어져 지치기도 했던 나무들이 마치 목욕을 갓 끝낸 여인의 체취처럼 싱그러움과 풋풋한 풀 내음을 풍기는 듯하다.

그 풀 향기에 묻혀 막내딸의 모습이 떠오른 것은 며칠 전 그 아이의 생일이었기 때문인가 보다. 수녀원에 있는 딸에게 어떤 선물을 할까 망설이다 손에 들려줄 부채를 생각한 것은 유난히도 더위를 타는 딸의 모습이 떠올라서이다.

이렇듯 무더위가 기승을 부리는 날이면 능수버들처럼 흐늘거리는 딸. 언제나 손수건을 들고 다니며 여름이 더워서 싫다던 그 애가 절제된 수녀원 생활을 얼마나 잘 견디고 있는지.

길거리에서 민소매 옷을 입고 짧은 스커트와 반바지 차림의 젊은 아가씨들의 발랄한 모습을 볼 때면 더욱 더 생각난다. 내 앞에선 언제나 행복한 모습으로 어미인 나를 안심시키려 하지만 돌아선 그 뒷모습에선 늘 쓸쓸함이 느껴지는 것은 아직도 내 마음에서 딸을 보내지 못하였기 때문일까.

내 마음에 외로움과 슬픔이 가득히 밀려와 그리움으로 목이 메일 때면 늘 나의 버팀목이 되어준 유일한 벗인 문방사우. 화선지를 펼칠 때마다 그 빛보다 더 희고 아름다운 딸의 모습을 대하듯 내 마음을 달래어온 시간들, 그 마음을 부채에다 실어 사랑하는 딸에게 보내려 한다. 하얀 합죽선을 펼쳤다. 어떤 그림을 그려 넣어야만 내 마음을 표현할 수 있을까. 지난 4년의 시간 속에서 그토록 하고 싶던 말도 많았었는데 그 마음을 그림으로 표현하려니 막막할 뿐이다. 아침이슬을 맞으며 바위틈에 서 있는 청초하고도 가녀린 딸의 모습 같은 난을 그릴까. 백설이 분분히 날리는 봄날의 매화, 그리움처럼 흔들리는 풍風죽을 그려볼까? 바다를 그리워하는 해송처럼 딸을 향해 달려가는 어미의 마음을 어떻게 표현해야 할지 붓을 잡은 손이 떨려온다. 내가 신의 영역을 드나들 수만 있다면 작은 부채 속 그림으로 지금의 마음을 몽땅 옮겨 놓을 수 있을 텐데.

그늘진 상념을 묻어 버리고, 복잡한 머릿속을 비워내고 오직 한 마음으로 그림을 그렸다. 고개를 들어 바라보니 제각각 다른 모습으로 태어나 방안 가득 그 생명력을 조용히 담은 채 펼쳐 있는 부채. 조금 전 내 손끝에서 막 피어난 난초가 딸의 청초한 모습인 양 그 향기를 품어내고, 겨울의 잔설 속에서 봄의 화신인 양 매화가 그 꽃봉오리를 터뜨리고 있다. 저만큼 소나무 위에 내려앉은 백로 한 쌍, 그 날개짓에 달빛이 차갑고, 부귀영화를 꿈꾸는 모란, 그 모란처럼 좋은 배필을 만나 이 세상 부귀영화를 누리며 살기를 원했던 부모의 바람이 이제는 뜬구름처럼 흘러가 버린 꿈이 되고 말았다.

삶이란 전혀 생각지도 않은 그 길 위에 또 무엇인가를 마련하고 기다리는 것인지. 그 운명 앞에 복종할 수밖에 없는 인간의 나약함에 자꾸만 서러워진다. 인고의 세월로 붉게 물든 감, 그 나뭇가지 끝에 내 그리움도 영글었다. 대숲에 성긴 바람이 딸의 속삭임인 양 들리는 것은 내 마음이 그 애에게 가 있음인가. 은은한 장미향이 풍겨나고 그 곁에 백목련, 자목련이 다투어 피어나고, 황국과 소국이 가을바람을 동반한 채 향기를 품고 있었다. 계절도 시간도 멈춰버린 부채 속 그림 안에 마음을 묻었다. 호젓한 강가 언덕 소나무 그늘 아래 나는 딸과 함께 거기로 가서 앉는다. 늘 성숙하지 못한 나의 사고가 오늘도 무한의 세계 속에서 꿈을 꾸며 대화를 나누고 있다.

비록 서투른 솜씨지만 간절한 소망으로 그린 그림이기에 이 부채를 갖는 그 순간부터 가슴속에 사랑이 흘러가길 염원하면서. 무더위에 지쳐 흐르는 땀방울 하나 하나를 모정의 바람으로 씻을 수 있도록 그 손에 인생의 부채를 쥐어 주어야겠다.

내 안의 그리움과 기다림이 나만의 사랑으로 고집하지 않으려 한다. 더 크게 넓게 펼칠 수 있는 마음이 작은 부채 바람으로 시작하여 자신으로 인해 주위를, 이웃을, 온 세계를 감싸 안을 수 있는 사랑의 바람이 되길 기원해본다. 부모의 욕심으로 인하여 어리석음을 행하지 않도록 눈을 감고 조용히 마음 문을 열어 보면 그 안에 착하고 순수한 나의 딸 세시리아가 웃고 서 있다. 생각해보면 얼마나 아둔한 어미던가? 자식이 행복하다는데 부모가 막아설 수 없는 일인 것을. 아니 적극적으로 후원하여야 하는 일인데도 아직 난 그렇지 못하니 얼마나 한심한 부모인가. 아직도 내 안의 사랑이 승화되지 못함이리라.

지금은 조용히 기도하며 마음으로 그 애를 안으리라. 삶이란 참으로 알 수 없는 일이 아닌가. 떠나간 딸이 내겐 아픈 멍이 되어 가슴을 억누르지만 그 애를 생각하면 가슴 가득 차오르는 이 감정, 그것은 딱히 슬픔만이 아님을 알기에.

딸애가 손수건으로 땀을 닦으며 대문을 들어서는 착각에 사로잡힌다. “엄마! 여름이 없으면 좋겠어.” “엄마! 냉커피 한 잔만.” 놀라 돌아서 바라보니 부채만 흩어져 있다. 딸이 보낸 메시지였는가. 한시라도 빨리 보내고 싶은 조급한 마음으로 부채를 거두었다. 내 사랑도 함께 포장하여 보내리라. 자꾸만 대문께로 마음이 쏠리는 것은 뜨락에 서 있는 목련 잎에 내려앉는 비바람 때문인가.

삶과 헤어짐이 고독과 슬픔이 되어 가슴에 젖어든다. 7월의 녹음은 푸르다 못해 검푸르다. 산하에 만발하던 꽃들도 이제는 녹음만을 남긴 채 긴 침잠의 세계로 몰입해 버렸나 보다. 깊게 잠겨 버린 내 그리움도 함께. 태양에 달구어진 대지 위에 촉촉이 비가 내린다. 딸에게로 가는 그리움이 사랑의 빗줄기 되어 내리듯이.

뜰에 가득 넘치는 신록의 현란한 유혹은 이제 나를 문밖으로 끌어내려 한다.

# 가리워진 길

안개 자욱한 고속도로. 원경도 사라진 안개 속. 그 길을 따라 딸에게로 간다.

지난 10여 년의 시간 속에서도 결코 놓지 않았던 한 가닥 희망의 줄을 이제는 거두어야 하는가 보다. 딸애의 아름다운 신념, 꿈, 희생과 봉사가 어떤 의미가 있는지 난 잘 알지 못한다. 그저 평범한 삶을 살기를 희망했는데. 나의 깊은 슬픔보다 더욱 간절한 그 마음을 알기에 이제는 그 애를 보내려 한다. 가슴엔 바람이 인다. 아직도 버리지 못한 미련 때문이리라. 안개처럼 보이지 않는 그 길. 자꾸만 눈시울이 뜨거워진다.

성당엔 많은 축하객과 신도들로 축제 분위기였다. 우리 일행을 보고 달려온 딸애의 밝은 미소가 우울한 기분을 씻어주었다. 수녀원에 딸애를 보내고 돌아서며 흘렸던 눈물의 기억이 아직도 생생한데 이젠 영원히 하느님의 딸이 된다고 한다.

종신서원식이 시작되고 수녀님들의 이름이 불려지는 순간 "예! 주님 여기 있습니다." 성당 안에 울려 퍼지는 그 목소리. 주님의 부름 앞에 당당하고 아름답게 자신을 드러내고 있는 딸. 저렇듯 장막 속에 가려진 길을 갈 수 있는 용기가 과연 무엇일까? 그 모습을 바라보는 부모들은 어떤 심정일까, 나와 같을까?

돌아보니 모두 다 환한 미소로 그들을 보내고 있었다. 나는 아직도 딸애를 보낼 준비가 되어있지 않았나 보다. 진정 내가 이루지 못한 꿈을 대신해주기를 희망했던 마음의 상실감이 더 큰 탓일까. 속세의 부귀영화를 탐하는 욕심이 사라지지 않고 있음이랴. 되돌릴 수만 있다면 내게로 돌려주시라고 떼라도 쓰고 싶은 심정이다. 자꾸만 붉어지는 눈가를 손수건으로 찍으며 행여 딸애가 볼까 봐 고개를 숙였다. 가슴속엔 뜨거운 그 무엇이 울컥울컥 솟구쳐 오르고 있었다.

언제나 떠나보내고 난 뒤 슬픔을 간직하고 살아야 하는 우리의 삶. 잘게 부서진 유리 파편처럼 진한 아픔이 가슴속 깊이 번져간다. 나 또한 젊은 날 한때 그 길을 걷고자 했었다. 하나 무남독녀인 자신의 환경과 굴레를 벗을 용기가 부족한 난 한 발짝도 내딛지 못하고 돌아서야만 했었다. 흔히 하늘의 소명이 있어야만 한다고들 한다. 그만큼 힘들고 어려운 길임을 알기에 가슴에 간직하고 살아가고 있다. 이렇듯 살아오면서 때때로 가보지 못한 길에 대한 미련을 갖고 있었다.

외롭고 고독한 젊은 날의 삶에서 벗어나고픈 생각에서 염원했는지도 모를 일이었다. 돌이켜보면 오늘 내가 살아가는 이 길이 진정 올바른 길인지 알 수는 없지만 자식을 생각하는 에미의 마음은 사뭇 다른가 보다. 현실의 장막으로 가려진 길 위로 사랑하는 딸이 걸어가고 있다. 그길 끝엔 무엇이 기다리고 있을지 알 수 없지만 사랑과 진리를 간직한 채 그 길 위에 서 있다. 가늠할 수 없는 저편엔 진정한 삶의 목표가 존재하는 것일까.

행여 부모의 삶이 실망스러웠을까. 그로 인해 다른 삶을 선택하게 만든 것은 아닌지 자꾸만 나의 삶을 되돌아보게 한다. 수도자의 길, 지상에서 가장 고독하고 외로운 먼 길을 걷지만 마음만은 높은 곳에 두고 있는 것이 아닌가. 그런 딸애의 삶을 기뻐하며 웃음으로 축복해주어야만 했다. 하나 가슴속은 허허로운 바람이 인다. 세속의 영광과 야망을 모두 버린 채 아니 부모 형제를 떠나 홀로 가는 그 길. 오직 그를 인도하는 주님의 말씀만을 믿으며 가는 그곳. 때로는 지치고 힘들 때도 많겠지만 현명하게 헤쳐가리라. 인간은 스스로의 등불이 될 수 있는 능력을 본래부터 갖추고 있다고 한다.

안개 속에 서면 숲은 보이지 않아도 거기 나무와 풀들이 있음을 알듯이, 눈에 보이는 것이 다가 아님을 안다. 비록 자신이 지향하는 목적지에 닿을 수 없을지 모르지만 그곳을 향해 열심히 달려갈 수 있다는 것이 삶의 의미가 아닐는지.

오늘 딸을 보내고 한동안 쓸쓸해할 것이다. 그 길을 선택한 딸을 얼마나 많이 가슴 아프게 했던가. 이제라도 마음을 비워내는 기도를 열심히 하여야겠지. 사랑하는 딸의 삶이 더욱 빛나고 의미 있다는 진리도 가슴에 품으며, 소유하려고 했던 모든 것들로부터 자유로워져야만 하리. 그러나 오늘 딸을 보내는 마음엔 비가 내린다. 눈물의 프리즘을 통한 하늘빛은 온통 회색빛이다.

# 유월의 바람

잿빛 하늘이 무겁게 내 머리를 짓누르고 몸은 천 근 무게를 짊어진 듯 자꾸만 땅속으로 빨려 가는 듯한 아침. 진혼의 나팔 소리가 아득한 슬픔의 시간 속으로 나를 이끌어 가고 있다. 흑석동 고개를 오르며 느꼈던 그 아픔이 다시금 가슴속을 쏴 하고 파고들어 온몸이 그날의 열기로 후끈 달아오른다. 유월 그 후덥지근한 여름날의 길목. 남겨진 자의 가슴에 영원히 살아있어 사랑하는 이름을 목 놓아 불러 보는 이날. 조국을 위해 목숨을 바친 이들에게 허락된 땅에서 편히 쉴 수 있는 영혼은 얼마나 다행한 일인가. 국립묘지 무명용사의 탑 앞에 향이 피어오르고 교복차림의 소녀는 고개 숙여 아버지를 불러본다. 수많은 영혼들의 이름이 새겨진 묘비명 앞에 서면 슬픔인지 외로움인지 알 수 없는 감정으로 가슴이 저려온다.

한 아름의 카네이션을 안고 도열한 비석들 사이를 바람처럼 떠돌며 아버지의 이름을 찾아 헤매던 그 많은 날들. 눈물에 어리어 다가오던 이름 이름들. 어디에선가 나를 부르는 것 같아 돌아보면 쓸쓸한 바람소리뿐. 시들어 가는 꽃처럼 나 또한 기대와 희망이 허공 속으로 사라져 버릴 때의 허탈함. 돌아갈 방향도 막막해지던 순간. 산더미처럼 무너져 내리던 절망의 낭떠러지를 보았지.

한 사람이 사라져간다는 것은 모든 것이 잊혀간다는 것이 아니라, 누군가의 가슴 깊이 새겨져 있을 뿐인 것을. 비록 아버지의 묘비는 없지만 이날만은 전우들이 잠들어 있는 곳에 와 줄 것만 같아 해마다 찾는 곳. 그 입구 넓은 뜰에는 슬픈 영혼의 화신인 양 모란이 붉게 타고 있었다. 전날 학생들이 가져다 놓은 꽃다발이 슬픔을 더해주고 소복한 여인네들의 오열이 흐르고 있는 그 언덕에 오르면 유월의 푸르름이 왜 그리도 서럽던지.

아득한 기억 저편 고향집엔 전장에서 돌아오지 않는 장남으로 인해 홧병을 앓고 있는 할머니와 그리움으로 가슴앓이를 하는 어머니. 그 속에 눈물꽃처럼 피어난 어린 소녀의 모습이 서럽게 흔들리며 다가온다. 한집안의 대들보가 흔들리는 울림. 땅을 치며 하늘에 항의하는 서러운 곡성. 그 태풍과 뇌성 속에서도 풀꽃처럼 자라온 철부지 소녀는 초등학생이 되어서야 어렴풋이 아버지의 전사를 알게 되었다.

가슴속에 간직했던 슬픔이 가득 넘치면 국립묘지를 서성이며 보냈던 나의 청춘시절. 그 절절했던 아픔의 시간들이 얼마였던가!

그때 무심히 흐르던 한강, 그 강가에서 느꼈던 쓸쓸함과 고독, 가슴 저려오던 그리움, 많은 생각과 슬픔으로 눈물 흘렸던 여고시절. 이젠 그 강물 위에 유람선이 떠다니고 세월 또한 속절없이 흘러가 버렸지만 그 많은 시간 속을 유영하며 살아온 순간들. 그때의 꽃다운 청춘이던 내 어머니는 은발의 할머니가 되고, 어린 딸은 지천명知天命이라 불리는 시간이 흘렀건만 지나간 세월의 무게만큼 그리움이 가슴을 짓누른다.

오늘 포성이 멎은 그 능선과 깊은 계곡에 누워 있을 젊은 영혼들은 무엇을 생각하고 있을까. 바람에게 소식을 물어볼까. 하늘을 나는 철새들에게 고향 소식을 전해 들으려나.

어둡고 음산한 저 깊은 땅속에서 그 마음 들꽃 되어 피어났을까? 창공의 구름이 되어 떠돌고 있지 않을까. 난 그리움의 무지개를 타고 아버지의 영혼을 찾아 포성이 지나간 그 언덕과 계곡을 헤매고 있다. 이런 내 마음을 알았음인가, 바람은 저 어둠의 골짜기를 지나 내게로 다가와 사랑과 그리움으로 지친 나를 어루만지며 속삭여준다. 언젠가는 다시 만날 수 있으리라고.

해마다 반복되는 이 열병. 언제나 내 마음 깊은 곳에서 들려오는 공허한 한숨. 초여름의 눈부신 태양처럼 울타리 가득 장미꽃이 피어 있는 계절.

바람에 무수히 날리는 꽃잎이 마치 산하를 떠도는 아버지의 영혼인 듯하다. 조국이란 대체 무엇인가? 자신이 태어나고 또한 묻히고 싶은 땅이 아닐는지. 오늘 이 땅에 살아가는 사람들. 전쟁의 아픈 기억을 얼마나 간직하고 있는 것일까? 이제는 희미해져 버린 우리의 아픈 상처. 아직도 그날을 잊지 않고 있는 소수인들에 의해서일까. 국군 장병들의 유해 발굴 작업에 관한 보도가 방영되고 있다.

반세기가 지나가 버린 지금. 흙으로 돌아가 버렸을 세월 속에서 무엇을 기대하며 가슴이 설레는지. 아버지 당신을 기억할 수 있는 녹슨 군표, 철모의 조각들이라도 발견되어 아니 당신의 못다 한 꿈과 사랑, 애환이 녹아 있을 한 줌의 흙이라도 이 딸의 곁으로 와 줄 수만 있다면, 시시때때로 찾아가 한 잔의 술을 마주 하고 가슴속 얘기를 나눌 수 있도록 고향 언덕에다 사부思父의 글을 적은 비석을 세우리.

그 어떤 슬픔이 혈육의 것보다 더 슬플 수 있으랴? 참아도 참아도 걷잡을 수 없는 울음. 가슴 밑바닥까지 딸려 올라오는 그 진득이는 진한 액체. 반백년에 걸쳐서야 비로소 제 목소리를 갖는 가슴. 그 가슴에 울음주머니 하나 간직한 채 살아온 삶. 늘 바람처럼 떠도는 이 마음, 어쩜 아버지의 영혼이 흐르는 곳에 내 마음도 같이 헤매나 보다.

살아생전 볼 수 없기에 달무리 지듯이 그리움이 가슴 저미도록 아파 오는 걸 느낀다. 나의 삶의 지표가 되어 준 아버지. 보고 싶을 땐 조용히 눈을 감고 마음으로 불러본다. 영혼의 세계를 향해 보낼 수 없는 편지를 밤새도록 눈물로 쓰기도 했던 날들. 그때 편지들이 아직도 내 서랍 깊은 곳에 남아 그리움으로 목이 메인다.

역사의 뒷전에서 사라지고 만 수많은 그 젊은 무명의 용사들. 훈장은커녕 그 이름조차 남기지 못한 이들. 역사의 거대한 흐름을 위해 최선을 다했던 그들의 영혼이 저 유월의 녹음으로 태어났음인가! 해마다 유월이 오면 난 영원히 치유할 수 없는 가슴앓이를 한다.

세월의 깊이만큼 아려오는 그리움. 불어오는 바람처럼 내 마음도 자꾸만 달려가고 있다. 무겁게 지고 온 삶의 짐도 문밖에 내려놓고 저녁 안개 자욱히 묵화 치는 창가에 서서 나 또한 한 점 묵화가 되어 그 먼 길 함께 걸어온 아버지를 생각해본다.

내 가슴에 당신이 있어 외로운 길 씩씩하게 걸었노라고. 유월 뙤약볕 아래 그리움으로 목이 탔을 아버지. 그 아픔은 유월의 바람결에 실리어 이 딸의 가슴에 다시금 타오른다.

# 밤비 내리는 날이면

바람과 함께 비에 젖은 어머니가 방으로 들어서며 지그시 나를 내려다본다. “어머니!” 깜짝 놀라 어머니를 부르며 눈을 떴다. 꿈이었다.

아직도 내 가슴 깊은 곳에는 외로움이 남아 이렇듯 비 내리는 밤이면 죽었던 기억들이 부활하고 있나 보다. 무남독녀인 난 항상 동생이 있기를 소망했다. 어느 비 내리는 저녁 이웃집에 아기가 태어났다고 했다. 나는 또 동생을 사달라고 조르기 시작했었다. 어린 딸의 성화에 못 이겨 나가신 어머니는 한참 지난 후에 들어오셔서 아기를 지키는 사람들한테 잡힐 뻔했다며 데려오지 못한 것을 미안해했었다. 그날 난 얼마나 섧게 울었던지. 그 흐느낌이 아직도 생생하게 떠오른다.

그때 난 몰랐었다. 아버지가 전사하시고 혼자 사시는 어머니의 심정을. 그날 밤 어머니의 그 처연한 모습, 많은 시간이 흐른 후에야 알게 되었다. 철없던 어린 딸의 소원을 들어줄 수 없었던 그 곱던 어머니, 그 가슴속에 아직도 그날의 슬픈 추억이 남아 있을까. 그 밤처럼 내 마음에도 홍건히 비가 젖어든다.

오늘밤은 쉽게 잠들지 못할 것 같다. 살아간다는 것은 누군가를 만나는 것이라고 했다. 늙는다는 것 또한 사랑하는 사람을 멀리 보낸다는 것이라고 했으니 삶은 헤어짐의 반복이 아닐까. 보내고 그리워하고 만나지 못하여 안타까워하는 삶일진대 추억이란 언제나 가슴에 살아 바람처럼 시나브로 나를 과거로 데려간다.

바람이 분다. 고향집 뒤란 대숲에 댓잎 부대끼는 소리가 들린다. 그곳에는 아직도 유년의 꿈과 추억이 살아 숨 쉬고 있을 것만 같다.

어린 날 어머니와의 가슴 아픈 이별, 아름답고 슬픈 내 청춘과의 이별. 많고 많은 이별처럼 오늘밤 비가 되어 사랑을 찾아 흘러가리라. 우리의 삶 또한 합일의 바다를 향해 끝없이 흘러가고 있는 것이 아닌가. 가던 길 잠시 멈추고 지나온 삶을 뒤돌아본다. 진정 나의 마음을 다하여 살아 왔을까. 붙잡고 싶었던 시간도 욕망도 모두 다 흘러가는 것을. 이렇듯 황혼의 시간 앞에 서면 흐르지 못한 나의 생애가 그렁그렁 눈물로 흘러내린다. 밤비 내리는 날이면 일상에서 벗어나 잠시 영혼을 돌아보는 시간이 되어본다. 바쁘다는 핑계로 자신에게 시간을 충분히 주지 못하며 살아온 나날들. 다시금 나를 만나게 하는 계기가 된다. 나의 청춘시절에도 그랬고 할머니가 된 지금도 가슴은 살아 끊임없이 유랑을 꿈꾼다. 어둠이 짙어질수록 비는 거세게 내린다. 고단한 삶의 무게를 씻어 내리려는 듯 세상을 적시고 또 적시고 있다.

비바람을 이기지 못하는 감들이 툭툭 떨어지는 소리가 들린다. 환상은 현실을 잊게 하는 달콤함을 준다. 달콤한 환상일수록 삶은 점차 왜곡된다. 긴긴 길을 돌아 지금 여기 서 있는 나의 존재는 꿈속을 헤매는 허깨비가 아닌지.

그날 밤처럼 멀리서 개 짖는 소리가 들려온다. 오늘밤 어느 집에도 나와 같은 아이의 우는 소리가 들리는 듯하다. 밤비 내리는 날이면 떠나간 모든 것들이 빗줄기 타고 내려오는가 보다. 비가 그치고 새벽이 올 때까지 나는 또 많은 생각으로 이 밤을 지새우겠지.

# 강대나무

오늘도 어머니의 방문은 반쯤 열려있다. 문틈 사이로 어머니의 눈길은 식구들의 뒤를 쫓아다니고 있다. 활짝 열지 못하는 그 문처럼 마음 또한 열지 못하고 계신 어머니. 때론 연민으로 가슴이 저려오기도 하지만 언제부터인지 피하고 싶은 구속이었다.

창 앞 나뭇가지에 가을빛이 아름답게 물들고 있다. 가을은 유랑을 꿈꾸게 한다. 저물 무렵 무작정 찾아간 주산지. 어두워지는 산길을 따라 올라가 물속에 서 있는 왕버드나무와 마주했다. 수초 사이로 스멀스멀 피어오르는 안개 속에 서 있는 왕버드나무. 아름다움을 꿈꾸며 찾아간 그곳에는 군데군데 허옇게 말라버린 왕버드나무 모습에서 세월의 흔적이 아프게 다가왔다. 봄이면 피어나던 연둣빛 잎사귀, 여름날의 풍성한 녹원을 찾아 날아들었을 산새들의 지저귐도 사라져 버린 춥고 쓸쓸한 물속에서 무엇을 기다리는 것일까.

우리 모두는 가슴속에 많은 상처를 숨기며 살아가고 있다. 상처 안에 숨어있는 세포들이 서로 부딪히며 소리죽여 울고 있다. 현실을 피하여 달려온 이곳에서 또다시 나를 붙잡는 애잔한 눈동자. 차마 떠나지도 못한 채 물속에 비친 자신의 모습을 멍하니 바라보고 서 있는 내 어머니 같은 강대나무. 마주 볼 수 없는 내 마음이 물결처럼 일렁인다.

조국의 산하가 요동치던 유월, 전선으로 떠난 아버지는 영영 돌아오지 않았다. 포성이 멎고 떠났던 사람들이 하나 둘 돌아왔지만 조국은 끝내 아버지를 돌려보내지 않았다. 기다림이 점점 그 빛을 잃어가던 어느 가을날 단풍처럼 한 장의 전사 통지서가 날아왔다. 그렇게 청춘의 한 시절을 통곡으로 보냈던 어머니.

시간은 많은 것을 퇴색시킨다. 다하지 못한 인연으로 어린 딸을 남겨 두고 또 다른 새끼들의 둥지가 되어 떠났던 그 가슴속에 쌓였던 한恨. 그때부터였을까. 젊은 날의 아름다웠던 꿈도 푸르름이 떠나버린 저 강대나무처럼 침잠의 시간 속으로 갇혀 버렸음이.

새끼들의 둥지가 되어 보냈던 젊은 날. 그들은 뻐꾸기가 되어 그 둥지를 떠났다. 지난날 그들의 비바람을 막아주던 둥지는 잊힌 채 쓸쓸한 나날을 맞이했다. 놓치고 지나온 시간들에 대한 아쉬움과 허전한 마음속에 남아 있는 그리움. 먼 길을 돌아 다시금 딸에게로 와야만 했던 그 가슴속엔 아직도 전쟁은 끝나지 않았음이랴. 울지 않기 위해 시간의 테이프를 느슨하게 풀어본다. 어머니! 이름만 불러도 눈물이 나는 것은 강대나무처럼 허옇게 말라버린 육신 속에 감추어진 깊은 슬픔 때문만은 아니리라.

비에 젖어드는 앞산을 바라보며 바람 부는 태백에서 만났던 주목, 주산지에서 과거의 기억 속을 헤매는 왕버드나무를 생각한다. 살아서 천 년 죽어서 천 년이라는 주목. 과연 살아있음이 행복이었을까? 차마 떨쳐 버릴 수 없는 그리움이 천 년을 기다리는 강대나무로 서 있는 것일까. 삶이 힘들 때 내 영혼이 서서히 말라가고 있음을 느낄 때 나는 초혼처럼 강대나무를 불러본다.

이렇듯 빗소리 바람소리를 듣고 있으면 그리운 이들의 목소리가 들려오는 것만 같다. 만남보다 이별이 익숙한 나이가 되면 가슴 설레며 읽던 책도 다 읽기도 전에 잊히듯, 잊으며 사는가 보다. 다만 잊히지 않는 것은 사는 동안에 끝내 이룰 수 없는 사랑의 그리움인가. 어긋나고 어긋나는 사랑의 매듭. 나를 좇고 있는 쓸쓸하고 애잔한 어머니의 눈동자는 애정일까, 집착일까.

어머니! 저 산속의 강대나무처럼 말라가는 자신의 육체를 바라보며 떠나간 세월을 그리워하는 것일까. 이루지 못한 첫사랑을 그리워하며 천 년쯤 기다리다 보면 그 마음이 삭아 내릴 수 있을까. 그땐 바람처럼 버리고 떠날 수가 있을까. 깊은 산 능선마다 아직도 잊을 수 없는 그리움을 안고 강대나무로 남아 있는 영혼들. 바람 소리가 어머니를 부르는 아버지의 목소리 같다.

그날의 기억을 맴돌며 그 길을 따라 어디쯤 와 있는 걸까. 붙잡지 못한 한 움큼의 시간. 영원이라고 믿었던 모든 것들은 시간의 단절성 속으로 사라져 간다. 가슴 깊이 구속된 채로 웅크리고 있던 기억의 편린들.

이제는 따스한 눈길로 마주하리라. 바람 한줄기 서늘히 다가와 내 몸을 감싼다. 씻어내지 못한 그리움이 눈물이 되어 가슴속에 강물로 흘러간다. 비 갠 하늘가에 노을이 물들어간다.

---

* 강대나무: 선채로 말라 죽은 나무.

# 삶의 굴곡

안개처럼 눈앞이 점차 흐려온다. 나는 윈도브러쉬를 열심히 돌려 유리창을 닦았다. 빗물이 아닌 눈물이었음을 가슴을 타고 흐르는 뜨거운 열기 때문에 깨닫게 되다니. 그동안 주말이면 병상에 계신 어머님을 만나기 위해 가슴 졸이며 달렸던 고속도로. 이젠 그 길도 마지막이 되려나 보다. 우리 인생엔 정한 길이 없기에 어제와 오늘 걸었던 길이 아닌 또 다른 어떤 모습으로 다가올지 나는 항상 두려움과 설렘으로 가슴을 졸인다.

병석에 누우신 어머니, 치매환자인 아버지, 남남인 형제, 어머니 삶의 굴곡처럼 엉켜 있는 우리들의 관계. 전쟁이란 폐허 속에서 이식시켜 놓은 자식들. 이제는 허무만이 남았을 어머니의 심정. 그 속에 자리한 유일한 핏줄인 딸. 세상의 가치관이 자꾸만 흔들리는 지금. 윤리, 도덕보다는 경제적 가치를 우선하는 세태 속에서 갈 곳

없는 노부부를 생각하면 울컥 치밀어 오르는 이 분노. 오늘은 꼭 결단을 내어야지. 어떤 상황이든 어머니만을 생각하는 마음으로 받아들이자.

어린 딸을 두고 떠났던 것이 미안해서일까. 무슨 염치로 딸에게 가서 사느냐면서 큰소리 치던 어머니의 모습 속에서 애잔한 슬픔을 본다. 한 잎 낙엽처럼 손대면 부서져 버릴 것 같은 육신. 평생을 의지하며 살아온 지아비, 잃어버린 오늘 대신 과거 속에 헤매고 있는 모습을 바라보며 어머니는 무엇을 생각하시는지.

비록 당신이 배 아파 낳지 않은 자식이지만 온 정성 다하여 키운 그들로부터 배반당한 그 마음. 계모라는 이름으로 몰아붙이는 그들 앞에서 어떤 심정이 들까. 미움일까? 원망일까? 부모란 끝없이 주고 또 주고 허기진 배창자 부여안고 돌아서야 하는 것인가. 자식이란 부모의 마음을 얼마나 헤아릴 수 있는 걸까.

어머니를 찾아 상경하던 날. 허름한 판자촌에 사시던 어머니. 한평생 행복을 추구하며 돌아선 길이었는데 초라한 그 모습에서 자꾸만 미워지던 어머니. 한때는 자식보다는 사랑을 찾아 돌아선 어머니를 원망했었는데 그것이 그리움이었음을 그때는 몰랐었다. 다른 형제들을 더욱 소중히 여기는 것 같아 홀로 괴로워하며 진한 외로움과 고독 속에서 보냈던 나날들. 당신은 딸의 그런 마음을 아셨을까. 딸에게서조차 제대로 인정받지 못한 어머니. 불쌍하고 가련한 슬픈 운명의 여인. 운명이란 거역할 수 없는 현실 속에서 나만이라도 어머니의 꿈이 되고 싶어 열심히 살았었다. 살면서 어머니의 애정보다는 여인으로서 연민의 정이 더욱 컸었는데.

어머니는 그리움인가 보다. 이름만 불러도 눈물이 난다. 젊은 날의 아픔보다 더 깊은 상처를 겪어야 하는 어머니. 그 가슴속에 얼마나 많은 회한이 남았을까. 꽃다운 시절 전장으로 나가 소식 없는 지아비를 기다리면서 애태우시던 많은 날들. 철없는 딸을 두고 떠날 때의 심정을 어찌 헤아려 알 수 있으랴.

계모라는 이유로 얼마나 많은 속을 썩혔을까. 누구에게도 털어놓을 수 없었던 심정을 애꿎은 담배와 술로 가슴을 쓸던 모습 속에서 그 한을 엿볼 수 있었는데.

늙는다는 것은 서러운 것이리라. 나 또한 아이들에게 어떤 어머니 모습으로 기억될까? 바람이 분다. 바람 따라 낙엽이 파도처럼 밀려왔다 밀려간다. 내 마음같이. 계절의 변화 속에 우리네 인생도 흘러가는 것임을 알면서도 자꾸만 서글퍼지는 것은 무엇 때문일까?

이 길 끝에 초라한 어머니의 모습이 딸을 부르고 있다. 얼마만큼 남았을까. 그 생이 다하는 날까지. 이젠 외로워하지 않도록 어머니를 맞으려 이 딸이 달려가는 고속도로 위에 또다시 안개비가 내린다.

# 이모

이른 아침 전화벨이 요란하게 울렸다. 머릿속을 스치는 불길한 예감 때문인지 가슴이 두방망이질하듯 뛰었다.

수화기를 타고 이종동생의 슬픈 목소리가 들려왔다.

"누님! 저 동찬인데요."

"응. 무슨 일이야."

상대방의 대답을 예견한 듯이 나의 마음은 자꾸만 다급해진다.

"어머님이 새벽에 가셨어요." 수화기를 든 손에 힘이 빠진다.

"고생 많이 하셨는데 기어이 가셨구나…. 난 내일 가야겠구나. 오늘은 병원에 가야 하는 날이라."

이모님이 쓰러지신 지 10여 년. 그간 두 번이나 쓰러지면서 언어도 상실하며 살아 오셨다. 인간에게 언어의 상실은 참으로 답답한 일이 아닌가. 가슴속의 생각을 말로 쏟아놓지 못하니 소통이 잘되지 않아 서로가 안타까울 뿐이었다.

참으로 신기한 것은 노래는 잊지 않고 부르면 따라 불렀으니 우리는 때때로 일상의 말도 노래처럼 하시라고 했던 기억이 난다. 그럴 때면 오직 한마디 "아이, 참." 하시며 웃으시던 모습. 늘 부지런한 성격 때문에 수족을 잘 쓰지 못하면서도 한시도 가만 있지 못하고 집안일을 도우려 하시던 이모님. 이제는 그 한마디마저 들을 수 없게 되고 말았다.

나의 외가는 전라도 광양 하포라는 조그마한 포구였다. 방문을 열고 누우면 마치 바다 위에 떠 있는 착각을 할 정도로 아름답고 낭만적인 곳이었다. 지금은 산업화의 물결 속에 컨테이너 부두가 되어 마을로 이주를 했지만, 소녀 적 나의 꿈이 살아 있는 곳. 그곳엔 언제나 이모님과 함께 있었다.

이모님과 난 열한 살 차이였는데도 엄마와 헤어져 사는 내게 엄마를 대신해준 아름다운 처녀였었다. 주말이면 20리가 넘는 외가로 갔던 어린 나는 이모님의 따뜻한 배려로 슬픔을 이길 수 있었는지도 모른다. 내가 가는 날이면 갯벌로 나가 낙지며 조개를 잡아다 맛있게 먹였던 이모.

외할머니를 일찍 여의고 홀로 계신 외할아버지와 동생인 외삼촌을 데리고 가장 노릇을 했던 이모. 이모님의 반짇고리에는 언제나 오색 천들이 처녀의 아름다운 꿈을 말해주고 있었다. 나는 그 천들로 오자미를 만들어 달라고 조르곤 했다.

시집 밑천인 그 귀한 천으로 오자미를 만들어주면 친구들에게 자랑을 하기도 했다. 이모님은 결혼 후에도 우리 가까이 사시면서 늘 나의 편이 되어 주셨다. 형제가 없는 난 이모님 식구들과 가족 같은 마음으로 연결되어 있었다. 때때로 삶은 마음 같지 않아 힘들고 지친 이모님을 마음껏 위로치 못함이 늘 가슴에 남아 있다.

눈을 감으면 고향 갯벌이 보인다. 찬바람 속에서 장화도 신지 않고 맨발로 성큼성큼 걸어 들어가 낙지를 잡으시는 이모님의 모습이 보인다. 살면서 나는 이모님을 위해 아무것도 해드린 것이 없다. 받기만 했던 나. 천 년을 살 것처럼 미루어 온 나날들. 자신의 삶에 바빠 돌아보지 못한 모든 것들. 아직도 깨닫지 못한 어리석음이 새삼 후회로 남게 될 줄이야.

저만큼에서 이모님의 모습이 자꾸만 환하게 웃으며 손짓을 한다. 혼자 외가를 떠날 때면 고갯마루를 돌아설 때까지 그곳에 서서 어린 질녀를 배웅해주던 그때처럼. 아직도 어린 질녀를 위해 갯벌에서 신발을 벗으시던 그 모습이 눈물 속에 어른거린다. 기억 속에 이모가 있듯이 우리의 이별은 영원할 수가 없으리라.

이모님이 있어 나의 유년은 슬픔 속에서도 행복했었다. 이 봄날 꽃잎이 날리듯이 훨훨 떠나시는 이모님을 때때로 그리워할 것이다.

# 푸른 바람으로

짙은 8월의 녹음이 먹빛으로 물들어 가는 시간이면 자신을 돌아보며 하루를 정리해본다. 또 하루를 있게 해주신 나의 신께 감사드린다.

오늘이 지나면 내일은 언제나 준비되어 있는 것처럼 나 또한 의심없이 내일을 믿어왔다. 그런 어느 날 내겐 폭풍처럼 병마가 찾아와 내일을 기약할 수가 없었다.

절망의 끝에서 진정한 삶의 의미를 하나씩 터득할 수가 있었다. 삶이란 그렇게 슬플 것도 기쁜 것도 아닌 그저 바람같이 흘러가는 것인가 보다. 내 나이 60이 되어 뒤돌아보니 이루어 놓은 것은 없지만 한 가지 자랑스러운 것은 사랑하는 나의 아들딸들이 있다는 것이다.

그건 분명 이 세상에 살고 가는 것이 헛된 것만이 아닌 것 같다. 때때로 세상살이에 많은 것을 탐하기도 하면서, 항상 앞서가는 꿈은 현실이 따라주지 않아 많은 고통과 좌절을 느끼기도 했다. 그런 세월이 어느덧 할머니의 자리에 올려놓고 황혼의 저녁놀과 마주하게 하였다.

사랑하는 나의 아들딸들아!

부모가 경제적으로 부자였다면 너희들 재능을 키울 수 있었을 텐데. 부모 복이 반복이라는 말이 있듯이 부모가 부족하여 너희들의 재능을 키워주지 못해 늘 미안하게 생각한다.

착한 맏딸. 네 세례명처럼 영광이 늘 함께 있으리라 믿는다. 난 네가 있어 늘 든든하구나. 넌 나의 친구며 나의 후원자가 아니니. 늘 어렵고 힘이 들 때면 네게 도움을 청하는 철부지 엄마가 아니더냐.

지금은 너의 위치에서 잘살아가고 있는 것을 보니 참으로 대견하구나. 이 엄마가 얼마나 자랑스럽게 생각하는지 모르지?

지금도 지난 상처의 늪에서 방황하고 있는 아들. 엄마의 가시로 남아 있지만 곧 자신의 자리로 돌아오리라 믿는다. 너만 평범한 삶을 영위할 수만 있다면 무슨 걱정이 있으랴. 아들아, 너는 너무나 자신의 주장이 강해 걱정이다. 남의 충고도 받아들여 자신을 크게 세우길 바란다. 또한 너의 매형은 슬기로운 사람으로 너의 좋은 친구며 형제이니 항상 연락하고 의논하여 우애를 돈독히 하여라.

형제는 한 뿌리에서 자라난 가지이니 늘 서로를 아끼며 협조하여 살았으면 한다. 자신을 사랑하고 서로를 사랑하여라.

나의 막내딸 스펠란자 수녀님.

스펠란자가 의미하듯 나의 희망인 막내딸. 예전에도 그랬듯 너로 인해 이 엄마가 얼마나 행복했는지. 너는 우리의 자랑으로 항상 부모를 기쁘게만 하였다. 그러기에 막내에게 세상에서 누릴 수 있는 기대를 많이 했었다.

수녀가 된다는 네게 많은 실망으로 억지소리도 참 많이 하여 너의 가슴을 아프게도 한 적도 있었지만 그것은 부모의 욕심임을 이제야 알 것 같구나. 또한 부모로서 삶을 잘못 살아 네가 고행의 길을 택한 것이 아닌가 생각할 때마다 우리의 삶에 회의를 느끼기도 했지만 이젠 모든 것을 신의 선택이라 생각을 바꾸기로 했구나.

지금은 자신의 길에서 열심히 생활하는 막내를 볼 때면 신神의 힘을 느낀다. 그 길이 험하고 어려울지라도 선택된 자로서 모든 이에게 존경받는 수녀님이 되길 믿어 의심치 않는다.

엄마는 건강 때문에 너희들에게 많은 걱정을 시키고 있어 정말 미안하구나. 씩씩하게 생활하며 너희들의 짐이 조금이라도 덜 되게 하려는 마음으로 항상 살아가고 있다. 언제든지 하늘이 나를 부르면 갈 준비를 하고 있단다. 그러기에 오늘 하루도 즐겁고 행복한 시간으로 마감하려 노력한단다.

"피면 질 줄 알고 돋으면 떨어질 줄 아는 것, 이것이 지족知足이요, 지족知足이면 상락常樂"이라고 했다.

우리의 인생 또한 찰나라고 하듯이 한평생 돌아보면 한순간만 같구나. 살면서 서로 서로 사랑하여라. 살아보면 후회는 남게 되지만 사랑하며 사는 것만이 후회 없는 삶이 되리라 믿는다.

이 엄마의 삶이 너희 눈에는 어떤 모습으로 비쳐졌는지 알 수 없구나. 그러나 나는 최선을 다해 주어진 삶을 살려고 노력했다고 본다. 자상한 엄마는 아니었지만 항상 깨어 있어 게으른 모습을 보여주고 싶지 않았다.

너희에게 항상 노력하며 적극적인 삶의 모습을 기대하는 이 엄마의 본심이 스스로를 채찍질하였단다. 그런 엄마의 모습이 극성스럽게 비치지는 않았는지 모르겠구나. 그것은 게으름을 경계하는 마음에서란다. 되도록이면 자유롭게 자신의 길로 나아갈 수 있도록 해주고 싶었는데 그렇게 하지 못한 것이 두고두고 가슴에 응어리로 남아 있지만, 세상사 모든 일이 뜻대로 되는 것이 아니잖니?

사랑하는 나의 아이들.

언제나 너희들은 나의 작은 요정들이란다. 너희로 인해 행복한 삶을 누릴 수 있었단다. 때론 속상한 일도 있었지만 그것은 순간순간 지나가는 감정일 뿐이라는 것을.

나는 신앙인이면서도 기도를 잘하지 못 한단다. 그것은 엄마의 게으른 탓도 있겠지만 믿음이 부족해서이겠지. 그렇지만 이 기도만은 늘 가슴으로 염원하고 있단다.

1. 나의 건강으로 자식의 짐이 되게 하지 마소서.

1. 오늘처럼 내일도 오게 하소서.

1. 먹빛이 여백을 물들이듯 밤이 오게 하소서.

1. 동백꽃처럼 곱게 땅 위에 떨어지게 하소서.

행여 이렇게 되지 못할지라도 오늘도 그런 바람으로 기도한단다.

이룬 것도 없고 물려줄 재산도 없는 엄마이지만 늘 꿈꾸는 엄마, 꿈만으로 행복해지는 엄마. 비록 이룰 수 없는 꿈일지라도 꿈은 인생을 충만케 해준단다. 도달할 수는 없지만 그곳에다 지향을 두고 가는 과정이 얼마나 행복한 것인지, 꿈을 꾸는 자는 알 것이다. 어느 날 내가 너희 곁을 떠나도 너무 슬퍼하지 마라. 나는 모든 것으로부터 자유로이 푸른 바람으로 떠날 것이다.

인생이란 초목과 같아서 잎이 피고 지고 낙엽이 되듯 자연스러운 것. 내가 떠나도 내가 너희들을 사랑했던 마음은 영원히 간직하길 바란다.

나의 유골은 화장하여 청솔나무 아래 묻어 거름이 될 수 있게 하여라. 이 세상에 와서 남을 위해 아무것도 하지 못한 육신이지만 마지막 거름이 될 수 있다는 것만으로 위안이 될 것이다. 그 나무 아래 가끔씩 찾아와 얘기라도 나누면 그 이상의 축복이 있을까. 사랑하는 내 아이들의 아이들이 모여 행복한 웃음이 넘치면 엄마의 미완성 꿈은 완성을 이룰 것이다. 세월이 지나 내 영혼이 떠돌다 구름이 비가 되어 떨어지듯 어느 강가에서 강물 되어 다시 만날 수 있으리라.

그런 바람으로 난 행복하게 갈 것이다. 때때로 너희 곁에 푸른 바람으로 다가와 옷자락을 스치면 엄마를 생각하여라. 항상 맑은 바람처럼 네 이웃에게 행복을 주는 사람으로 살아가길 바란다.

사랑한다. 내 아들딸들아.

제3부

# 버리고 떠나기

꿈은 높아서 허공에 빛났지만 존재의 기둥을 세우지 못한 채 삶의 강물에 떠밀려 다녔던 게 아닌가. 한 번도 챙겨보지 못한 지난날의 흔적들이 어느 구석 어느 서랍 속에 숨죽이고 있었는지 일제히 아우성을 지르며 나를 괴롭힌다.

# 도시에 뜨는 별

검은 도포처럼 휘감기는 어둠. 지금은 자정이 가까운 시간.

막 병원 문을 나서며 바라본 하늘에는 모텔이 뜨고, 십자가도 뜨고 간판들이 떠다니고 있다. 국적을 알 수 없는 문자들마저 도깨비불을 흉내내고 거리의 불빛들도 덩달아 둥둥 떠 질주하고 있다. 창공에 빛나던 별들조차 모두 다 거리로 내려와 어울려 다닌다. 그 무리 속에 내가 들어가 그들과 어울려 다닌다. 붕붕 떠가는 육체.

저 어둠 속 길 하나 내어 떠가고 있다. 바람 같은 말(言)들을 뒤로하고 어디론지 쉬지 않고 흘러가는 것이다. 어둠은 인식의 세계를 벗어나 미지의 세계로 인도하고 있었다. 어느 행성에서 달려왔는지 시계의 초점을 달고 달려온 버스가 내 곁을 휙 지나갔다. 저만큼 어둠 속에다 우주인들을 쏟아 놓고 반딧불이처럼 사라져간다.

여기저기에서 시간의 막차들이 숨가쁘게 지나쳐간다. 부엉이 눈을 부릅뜨고 어둠의 거리를 날아가고 있었다. 오늘밤 도시를 꿈꾸며 고향을 떠나온 별들이 길을 잃고 헤매다 달려가는 시간의 거대한 바퀴 속에 함몰되어 가고 있었다.

상념은 달빛 서린 고향 집으로 달려가고 있다. 밤마다 별들이 내려와 놀던 개울가. 이제는 아이들도 찾아오지 않은 그곳에 별들만 서성이고 있을까. 억새들의 서걱이는 소리가 바람 속에 들리는 듯하다. 할머니의 무릎에 누워 별을 헤다 잠이 들면 밤새 꿈속에서 별들과 은하수를 유영하곤 했지. 언제부터인지 꿈이 가슴에서 멀리 사라지듯 하늘의 별 또한 멀어져갔다.

도시의 불빛은 쾌락과 욕망으로 나의 가슴과 눈을 마비시켜가고, 숨가쁘게 돌아가는 시간 속에서 낙오되지 않으려 달려온 나날들. 삶은 그렇게 나를 몰아세웠다. 꿈을 잃고 달려가는 내게 신神은 빛을 거두고 육신의 병인 어둠을 주었다.

어둠의 혼돈은 힘들었지만 자아를 돌아보는 시간과 자연인의 마음으로 하늘을 바라볼 수 있는 여유를 갖게 되었다. 어둠 속으로 달려가던 우주선이 충돌을 했나 보다. 급브레이크 소리와 함께 외계인들이 거리로 쏟아져 나온다. 자신 또한 그곳을 기웃거려본다. 어느 별자리를 찾아갈 또 다른 영혼의 실체를 보기 위함인가.

어릴 적 산 너머로 사라져간 순이의 영혼도 할머니의 영령도, 어느 병실에서 보았던 혼불. 이 밤 도시로 내려와 휘황찬란한 별들로 떠 배회하고 있다. 어둠 속을 헤매는 몽유병자처럼.

차는 20여 분을 달려 시골길로 접어들었다. 뒤따르던 도시의 불빛도 하나둘씩 멀어져 갔다. 집 앞에다 차를 멈추고 올려다 본 하늘에는 뒤따라온 별들이 하나둘씩 집으로 돌아와 있었다. 상달의 달님도 자리하고 나를 바라보며 맑은 웃음을 보내고 있다. 아직도 그곳에는 유년의 꿈이 살아있음을 보았다.

앞산이 수묵화처럼 달빛 속에 그 모습을 드러내고 있었다. 기억 속의 추억도 현실의 욕망도 바람 같은 것. 이 어둠 속에 서 있는 나의 존재는 얼마나 미미한 것인가. 한 그루 나무나 풀과 무엇이 다르단 말인가! 어둠이 주는 침묵의 세계에 나를 놓아두면 존재의 뜰이 열리는 것만 같다.

우리의 삶은 그때그때 새로운 시작과 탄생이 없으면 진부해지고 일상적인 타성에 젖게 마련인가 보다. 빛과 생기가 없는 삶은 병든 삶이나 다름없다. 마치 꿈을 잃고 도시에 뜨는 유랑별처럼. 살아서 움직이는 것은 늘 새롭다. 늘 새로운 날을 가꾸며 살아가려 한다.

어둠이 걷히면 밝은 태양이 솟듯 어두운 생각에 갇혀서 살면 우리들의 삶이 어두워진다고 했다. 세월은 나를 황혼과 마주하게 하지만, 마음속 뜰에서는 맑은 수액이 흐르고 향기로운 꽃이 피어날 것을 생각해본다. 어둠 속에서도 생명의 수런거리는 소리가 들리는 듯하다. 저 하늘에 별이 존재하는 한 인간은 영원히 꿈을 꿀 것이다. 도시에 빛나는 별이 많을수록 어두운 하늘을 보리라. 꿈꾸었던 나의 별을 찾아 내가 내게로 돌아가는 길을 찾듯이.

# 대지를 적시는 물처럼

백설이 분분히 날리는 날이면 솔향기 가득한 찻집에서 차를 마시고 싶다.

그곳에서 옛 친구라도 만나게 되어 따끈한 커피를 마시며 쓰디쓴 맛과 향기로 가슴을 적시면서 마주 보고 웃을 수 있다면 더욱 좋으리.

지나온 날이 허망할수록 아름답고 눈부신 꿈을 꾸는 것일까. 〈아라비안 나이트〉같은 꿈을.

나는 몸으로 떠나는 여행을 즐기지 못하고 마음만으로 떠돌아다니는 여행을 즐긴다. TV 속에서 떠나는 세계의 여행. 머릿속의 향수를 찾아 떠나는 과거로의 여행. 이렇듯 눈이 내리는 날이면 언젠가 꼭 한 번밖에 타본 적 없는 중앙선 완행열차를 타고 경기도와 강원도 경상도의 산골, 크고 작은 간이역마다 들러 쉬엄쉬엄 쉬었다 떠나는 기차여행을 하고 싶다. 그리하여 겨울바닷가에 닿고 싶다. 잿빛 암

담함뿐인 겨울바다. 아득한 태곳적의 그 음침한 흔들림만이 존재하는 것 같은 겨울바다에서 태초의 인간 그 모습대로 서 있고 싶다. 울컥울컥 밀려드는 갯내음을 가슴 가득 안을 수 있는 바다. 수면 위를 나는 갈매기들의 청량한 울음소리. 발바닥에 느껴지는 모래의 감촉이 잊고 지나온 어린 날의 천진함을 되찾을 수 있을 그 바다. 바다는 모든 생명의 고향 같은 곳.

망상은 망상을 낳고 늘 내 버릇대로 허황되고 엉뚱한 백일몽에 사로잡혀 시간의 흐름을 멈추게 하는 난 대체 어떤 인간인가. 세월은 스쳐지나가기만 하는 걸까. 겉모습과는 다르게 가슴속은 언제나 어리석고 꿈만 찬란한 나의 모습. 자신이 원했던 모습이 아니었다 하여도 지금 여기 나의 모습이 진정 자신인 것을.

때론 열심히 살아왔고 주어진 내 삶에 최선을 다한다고 했는데 돌아보니 허망한 것을. 과연 무엇을 위하여 그 많은 땀과 눈물을 쏟았단 말인가?

매일 아침 눈부신 태양을 맞으며 다시 부끄러움을 만들고 뭔가 많이 많이 잘못하며 살아온 듯한 삶. 마음속 부끄러움을 내리는 눈으로 덮어버리고 싶은 것일까.

살아온 세월이 길든 짧든 상관없이 알게 모르게 상처 주고 상처받지 않은 사람이 있을까마는 나는 더 많은 상처를 주는 쪽이었나 보다.

'모난 돌이 정 맞는다.'고 했던가. 조금만 어긋나는 것을 보면 가만 있지 못하는 성격 때문에 곧잘 바른말이랍시고 하곤 한다. 그 모든 것이 나의 미숙한 언어의 습성 때문임을 알면서도 고치지 못하고 오늘에까지 이르니 그로 인해 상처 입은 사람이 한둘이겠는가.

참된 마음에서 우러나오는 언행은 자신은 물론 상대방도 즐겁게 해준다. 스스로를 속이지 않는 참된 마음. 아끼고 위하는 열린 마음으로 다른 사람을 대하는 그런 마음. 행복은 그렇게 따뜻한 가슴속으로만 흐르니까. 저렇듯 내리는 눈을 보면 나 또한 모든 허물을 감싸 안을 줄 아는 사람이 되어야함을 안다.

알면서도 고치려 하지 않는 자신이 더욱 나쁘다는 것을 알고 있다. 참 나를 잃고 살면서도 찾을 생각은 하지도 않고 살고 있는 것은 아닌지. 우리는 눈에 보이는 것만 믿으려 하는 습성이 있다. 한순간도 없어서는 안 될 공기마저도 그 존재를 인식하지 못하고 살아가듯이.

숲을 이루는 나무와 풀만 존재의 의미를 부여하고 화려하게 피어나는 꽃과 열매만 사랑하고 환호하는 사고. 그 모든 것을 이루는 물과 공기와 햇빛의 소중함을 깨닫지 못하는 아둔한 자신이 왜 이토록 부끄러운지.

눈이 내려 눈물처럼 대지로 스며들어 초목의 생명수가 되듯, 낮은 데로 낮은 데로 흘러가는 물이 되어 어리석게 약하게 못나게 살아가듯이. 목마른 대지를 촉촉이 적시는 밑거름이 될 수 있는 삶. 순조로운 수용. 부드러운 용해로 풀리며 섞이는 사랑. 지나는 길목마다 메마른 대지에 숲을 이루고, 꽃을 피우게 하며 열매 맺게 하는 물길이 되었으면.

세월이란 자신을 돌아볼 수 있는 여유를 갖게 하나 보다. 남은 생애를 모두 희생해도 좋다는 생각이 든다. 어쩌면 인생을 사랑하려고 노력하지도 않으면서 나는 나이에 모든 핑계를 대고 있었는지도 모른다.

초라하게 떨어져 내리는 내 인생의 꿈나무 같은 잎새를 망연히 바라볼 뿐. 저 하늘 높이 난무하는 눈송이 속에 젊은 날의 어지럽던 생각들을 날려 버리자. 어둠을 헤매다 다시 돌아오는 여자가 되어 사랑이란 마음으로 그 방향을 바꾸어 보리라. 잃어버린 나를 찾고 참 나 자신으로 돌아가듯이 남은 날 그렇게 살고 싶다.

# 빈 둥지

잎을 떨어낸 나뭇가지 사이로 텅 빈 하늘이 내려와 머물고 있다. 적막한 겨울 풍경이 엊그제 내린 눈으로 마치 크리스마스 카드의 풍경처럼 아름답다.

푸른 물이 들던 날엔 산의 모습을 잘 볼 수 없었지만 이 계절 본연의 모습을 드러내고 있는 산. 능선과 계곡이 청년의 골격처럼 늠름해 보인다.

마치 저 대륙을 향해 달려가는 준마와도 같다. 난 외롭지만 이런 계절을 참 좋아한다. 앙상한 나뭇가지 끝엔 흰 눈을 뒤집어 쓴 빈 둥지가 유난히 눈에 띈다.

지난여름 푸른 행복으로 출렁이던 둥지. 무한의 공간을 헤매다 쉴 수 있는 작은 쉼터. 생명의 시작인 공간. 내게도 푸른 시절이 있었지. 꼬물꼬물 삼남매를 키우며 보냈던 젊은 날. 어린 새끼들은 성년이 되어 그들만의 둥지를 찾아 날아가 버렸다.

그들이 떠난 텅 빈 둥지엔 추억만이 바람에 나부끼고 있다. 둥지를 떠난 새들은 봄이 되면 다시 돌아오겠지만 버리고 떠난 둥지로는 찾아들지 않으리. 그 둥지에서 자란 새끼는 어른이 되어 그들만의 새둥지를 지키며 살아가겠지.

끝내 떨쳐버리지 못한 애증의 갈등으로 지쳐 쓰러진 고목처럼 오늘도 비바람 속에 서 있다. 버려야 할 것을 버리지 못하는 마음, 푸르던 나무는 고목이 되고 우리의 삶도 흐른다. 모두가 떠나버린 빈자리에 사랑의 둥지 하나 만들어 볼까. 지친 영혼들이 쉬어갈 수 있도록. 저 나무 끝에 매달려 있는 둥지처럼 무너지지 않는 튼튼한 둥지를.

그리움이 없으면 사랑도 오고가지 않으리. 나는 대체 무엇을 두려워하는 것일까. 사랑이라고 믿었던 환상 같은 날들이 시간 속으로 사라짐을 그리워하는 것일까.

추억과 그리움으로, 증오와 체념으로 지쳐가는 내 영혼의 황폐함. 흘러가는 시간 앞에서 나는 어떤 갈피도 잡을 수 없어 이렇게 서 있다. 눈을 맞고 서 있는 저 둥지처럼.

지나간 시간 속에 다시 찾지 않는 둥지가 되어 바람 속에 서 있어도 그리움만 남아 흔들리겠지. 그 마음이 굳어질 때까지 유예의 시간들 속에서 홀로 야위어갈지도 모른다.

언제나 마음속 밑바닥에 아껴두었던 말, 끝내 하지 못한 어리석음. 내 마음속에 아직도 숯불처럼 지글거리며 타오르고 있는 상처들과 만날 수 있다.

상처도 힘이 된다는 사실을 깨달으며 언제쯤이면 나도 빈 둥지처럼 무심하게 나를 바라볼 수 있을지. 어두워지는 창밖으로 겨울이 지나가고 있다. 사랑이라고 이름 불러 주었던 집착으로부터 이별을 고하려 한다.

가지를 스치고 지나가는 바람같이 무심의 마음으로 떠나가려 한다.

만나고 헤어짐은 또 다른 삶을 위한 것. 잔인한 현실이 환상으로 은폐되어 왔음을 알면서도 진실을 마주 보는 것, 때론 외면하고픈 일인지도 모른다. 진실을 마주 대하지 않고서는 해결할 수 없는 일인 것을. 삶은 순간에 우리를 지나간다. 머뭇거릴 시간을 허락하지 않은 채.

잎 하나 지니지 않은 겨울나무 위에 매달린 둥지 같은 고독한 삶일지라도, 마른 가지에 봄을 준비하듯 믿고 기다리는 겨울나무처럼 다시금 꿈을 꾸려 한다. 사랑을 기다리는 희망의 꿈을.

하염없이 바라보고 있는 나뭇가지에 눈이 내린다. 잎이 피고 녹음이 짙어지면 둥지는 행복으로 출렁일 테지. 몇 번이고 반복되는 시간 속에서 나의 머리에도 흰 눈이 내리고 이마에는 주름이 깊어질 것이다. 그러나 후회하지도 불안해하지도 않으리라. 비록 꿈꾸었던 것엔 도달하지 못했지만 온 힘과 정열을 다해 삶을 사랑하려고 했기 때문이다. 그것이 행복이라 여기며 나의 둥지를 지키며 살아온 날들.

어린 새끼들의 재잘거림이 허전한 가슴속을 따뜻하게 적셔준다. 지나온 나의 인생이 모호한 안개 속과 같은 느낌이다. 쌀쌀한 겨울 바람이 분다. 봄은 아직 멀었는데.

# 버리고 떠나기

뒤뜰에 서 있는 후박나무가 우수수 나뭇잎을 떨구고 빈 가지만 남았다.

여름날의 무성한 푸름이 사라진 가지에는 가끔 까치와 박새가 날아와 쉬었다 가곤 한다. 몇 년 전에 후박나무 두 그루를 앞뜰과 뒤뜰에 심었더니 꽃은 피지 않고 잎만 무성하여 옆집 창문을 막아 버렸다. 자연 차단막이 생겼지만 미안해서 자르려고 해도 애써 자라준 후박나무가 안쓰러워 자르지 못한 채 두었다. 떨어진 나뭇잎이 손바닥보다 더 크다. 한 잎 주워 부칠 곳 없는 편지를 써본다.

여름날의 도취와 가을이 주는 상실과 아픔, 기다림과 견딤의 시간들. 끝없이 되풀이되는 우리의 삶처럼 버리고 버려지는 저 가을나무. 한 벌의 옷마저도 벗어 버리고 떠나가는데 난 무엇을 이토록 아쉬워하는 것인지, 부질없는 집착으로 나를 얽매고 있는 것이 아닌가.

십 년을 경영하여 초가삼간 지어내니
나 한 칸 달 한 칸 청풍 한 칸 맡겨 두고
강산은 들일 데 없으니 둘러두고 보리라.

송순 선생의 시에서는 무소유의 충족함이 가슴을 떨리게 한다. 가슴에 가득 찬 욕심을 버리고 이처럼 자연인으로 살아가고 싶다. 아니 가진 것이 없으니 버릴 것이 없는 무위자연으로 돌아가고 싶은 것이다.

나이 들어 정신의 긴장이 무뎌지면 젊은 날의 시간이 아깝고 쏜살 같은 세월이 아쉽다. 그래서일까, 사물에 허기를 느껴 때를 기다리지 못하고 가지고자 덤비는 이 '허손증'을 어쩌지 못하니 참으로 한심한 일이 아닌가.

꿈은 높아서 허공에 빛났지만 존재의 기둥을 세우지 못한 채 삶의 강물에 떠밀려 다녔던 게 아닌가. 한 번도 챙겨보지 못한 지난날의 흔적들이 어느 구석 어느 서랍 속에 숨죽이고 있었는지 일제히 아우성을 지르며 나를 괴롭힌다.

한때 가졌던, 아직도 가슴속에서 작은 불씨로 남아있는 꿈. 내 것이지만 늘 밖에서 찾는, 내 안에 감춘 것이 날 놓지 못하고 기어이 내 등을 따라와 나를 부여잡고 있다. 모든 것이 아침에 피는 서리꽃 같은 것을.

인디언들은 말을 타고 가다 자신의 영혼이 길을 잃지 않고 잘 따라 오는지 멈춰 서서 기다린다고 한다. 사는 게 바쁘다는 핑계로 자신을 방치하고 살지 않았는지. 혹시 내 영혼이 오늘 어느 곳을 헤매고 있는지. 저 현란한 도시를 헤매다 빈혈을 일으킨 적은 없었는지 깊이 생각해 보아야겠다.

계절은 또 다른 계절을 준비하듯 자신을 훌훌 벗어버리는데, 황혼을 마주한 나의 가을은 과연 무엇을 버리려 하는가. 바람이 불어와 낙엽을 쓸고 간다. 낙엽이 흘러가듯 내 영혼도 가을 길을 떠나려 한다. 텅 빈 가슴 타는 목마름으로 내 영혼은 오늘도 세상의 중심 수미산을 찾아 헤매고 있다. 아직도 채우지 못한 갈망에 목이 탄다.

하나라도 더 가지려는 욕망과 끝없는 욕심이 떠나지를 않는다. 이제는 쉬어 가야 할 시간이 아닌가? 유유자적하며 자연 속에 자신을 놓아야 할 시간임을 깨달으면서도 탈피하지 못하는 자신이 부끄럽기만 하다.

언젠가 TV에서 보았던 저 차마 고원의 설원, 티베트 여인의 한과 눈물의 소금 우물가를 쓸쓸한 바람으로 거닐고 싶다.

그곳에 서면 인간의 순수만이 남아 있을 것 같다. 그곳은 신의 영역이 아닐는지. 태고의 고향이 거기인 것만 같다. 고향에는 나의 꿈이 아직도 살아 숨 쉬고 있겠지. 오늘도 추억 속의 고향은 변함없는데 나의 삶은 어디로 흘러가고 있는 것인가. 흔들리며 살아가는 삶 속에서 마음 한 자락 저 창공에 두고 누워 오늘 밤 고향의 강줄기들과 함께 흐르려 한다.

# 꿈 하나 간직하리

창문을 여니 밤새 내린 눈이 한 폭의 동양화처럼 눈앞에 펼쳐졌다.

뜰 앞 나뭇가지 위에 어디서 날아 왔는지 새들이 눈 속에서 무언가 열심히 쪼고 있는 게 보인다. 따뜻한 커피 한 잔을 들고 창가에 서니 나 또한 그대로 자연이 되어 버린 듯하다. 인생을 향기롭게 살려면 자연의 섭리를 받아들이는 것이 아닐지.

하얀 눈꽃이 바람에 날리면 한 마리 나비가 되어 고향 언덕을 난다. 볼에 부딪치는 차가운 눈송이마다 추억의 꽃이 되어 피어난다.

차가운 냉기를 품은 겨울바람을 마주하고 있으면 그 싸늘함에 코끝이 시큰해지면서 두 눈에 눈물이 고인다. 내 안에 쌓이고 쌓인 온갖 생각들과 감정들을 눈송이 하나하나가 용해되듯이 바람과 함께 날려 보낼 수 있기에. 결국 비워진 마음 안에 그리움으로 가득차면 흘러가는 시간 속에 나를 놓아 버린다.

눈이 날린다. 눈 내리는 들녘. 먼 산비탈을 쓸고 내달려오는 눈의 물결. 그 파도치는 눈을 맞으며 철없이 뛰어다니던 그 시절. 커다란 눈 뭉치 위에 작은 뭉치를 얹어 솔가지 눈썹과 숯으로 눈을 만들면, 눈사람은 금세 나의 동무가 되었지. 우리는 꿈의 대화를 나누며 겨울이 언제 가는지도 몰랐었다. 눈 내리는 날이면 〈닥터 지바고〉의 '라라'처럼 사랑을 꿈꾸던 20대.

그 보랏빛 사랑도 희미해지고 흔적조차 사라진 폐허에 서서, 눈사람으로 굳어 빈 가슴이 되어 버린 나의 50대. 우리의 인생에서 나그네 아닌 사람이 있을까. 오늘도 난 길 떠나는 연습을 한다. 삶의 여정을 떠돌다 되돌아가고 싶어질 때 하늘을 보며 울어 버릴지도 모르지만. 누구도 자신을 행복하게 만들어 줄 수 없다는 것을 안다. 그 행복에도 자격이 있어 자신이 모자라도 한참 모자란다는 것을 느꼈을 때 얼마나 공허했던지. 그 쉬운 깨달음을 얻기 위해 젊음을 지불하며 지내온 날들이 아닌가.

원하고 바랐던 바와는 너무도 다르게 살아왔고, 또 그렇게 살고 있는 자신이 아닌가. 때때로 허황된 망상일지라도 찬란한 꿈을 꾸고 싶다. 그 꿈을 꾸면서 현실을 잊은 것은 아니었던가. 아직도 내 항아리에 욕심의 물이 다 채워지지 않았기에 지금 이처럼 미칠 듯 못 견디게 일렁이고 있지 않을까? 삶이란 이런 게 아니었는데…….

커피를 마저 마셨다. 잠깐이지만 자신을 잊고 있었나 보다. 커피는 마실 때보다 끓일 때 더욱 사람의 오감을 자극한다. 우리의 꿈도 간직하고 있을 때 더욱 아름답듯. 처녀 시절 난 직장 생활을 하면서 야간대학을 다녔다. 언제나 한가롭게 지내지 못한 것 같다. 그때에도 시간은 부족하여 새벽 시간을 이용하여 곧잘 학원을 다니곤 했다. 쌀쌀한 겨울 새벽 건물 안에서 풍겨나는 커피 향기는 얼마나 사람을 행복하게 하는지. 그때부터 난 커피를 즐겨 마셨다. 아침 일찍 일어나 커피부터 마시는 습관 때문에 나의 위장은 늘 거북스럽지만, 이처럼 눈이 내리면 바람에 실려 오는 소공동 모퉁이의 그 찻집 커피 향을 그리워한다. 저 허공을 가득 메우고 내리는 눈을 바라보면, 가슴속에 사무쳐 입 밖으로 나올 수 없었던 나의 그리움이 와아와아 쏟아지는 듯하다.

보이지 않게 다녀간 임의 흔적. 소리 없이 들려오는 임의 음성, 바람이 되고 눈송이 되어 보이는 목소리로 날리는 것만 같다.

수다 떨기에 바쁘던 입술, 그것은 한낱 허세였던가. 가슴에 진한 그리움과 슬픔을 누르며 살아온 이 깊은 회한. 어디에다 부려 놓을 곳 없어 눈발에 날려 보내려함인가. 부끄러운 인생의 낭비. 헛되이 살아온 듯한 지난 시절에 대한 죄책감, 하얗게 쌓인 눈발에 어지러이 찍힌 내 발자국인 듯싶다. 지나온 삶을 엄벙덤벙 살고 나서 뒤늦게 깨우쳐도 또 내일이면 어떻게 살 것인지 망망해지는 자신이 이토록 부끄러운지.

안개 속에 눈이 내린다. 아니 눈이 오니 안개가 내리는 것인지 건너 산등성이가 보이지 않는다. 사람의 앞길도 안개 속 같은 것인가.

불확실한 삶. 베일 속에 가려진 미래. 그래서 호기심이 동하던 날들.

이제는 영악해진 것인가. 안개가 덮여 보이지 않아도 거기 산이 있고 또 다른 무엇이 나를 기다리고 있다는 것을 알고 있기에, 삶의 기쁨도 떨림도 없지 않는가.

다만 잔잔한 호숫가를 산책하는 기분으로 살 수 있는 지천명. 아직도 하늘의 뜻을 알지 못하는 어리석은 인간. 눈 내리는 길을 따라 마냥 걷고 걸어가면 그 끝 어딘가에 꿈의 대문이 보일 것이란 기대 하나를 간직하려 한다. 눈이여 내려라. 내 마음의 깨끗한 뜨락에 눈사람을 만들자꾸나. 해가 뜨면 녹아지고 사라져 버릴 모습. 그래서 더더욱 소중한 꿈을 두고 바라보고 눈 맞추고 긴긴 얘기를 할 수 있는 단 한 사람.

은빛 세상에 쏟아지는 햇살처럼 가슴속에 꿈 하나 간직한 채 살아가리라.

# 어둠이 내리면

어스름이 내리는 시간이면 아직도 내 가슴은 두근거린다.

새들도 제 둥지를 찾아가는 이런 시간에 난 유랑인이 되어 저 어둠이 내리는 세상으로 마냥 가고만 싶어진다. 나는 많은 죄를 지었음인가. 밝은 태양 아래 서 있기를 두려워 할 만큼의 죄를.

잠시의 혼돈은 나를 들뜨게 하지만 이내 어둠이 내리면 또다시 침잠의 세계로 몰입되어 버리고 만다. 깜깜한 밤이 오기 전에 잠깐이나마 노을이 있다는 것은 참 놀랍고 아름다운 일이다. 저 황혼처럼 우리의 삶도 아름다운 순간들이 있기에 살아가는 힘이 될 수 있지 않을까. 이 세상을 살아가면서 진정으로 만끽할 수 있는 것은 무엇이고, 결코 소유할 수 없는 것은 무엇인지를 깊이 생각해보게 된다.

사립문 앞에 앉아 어둠이 내리는 길을 주시하며 몇 시간이고 기다리고 있었다. 자꾸만 짙어지는 어둠의 그림자를 의식하며 가슴은 두

방망이질을 한다. 바람에 흔들리는 나뭇잎과 대지의 숨소리마저도 마치 유령들의 손짓과 흐느낌인 양 느껴지던 어린 시절, 어둠을 헤치며 다가와 무서움에 떨며 기다리던 나를 안아주시던 할머니. 당신이 떠난 알 수 없는 그곳이 진정 어둠의 세계인 것을.

오늘도 난 어둠이 내리는 인생의 끄트머리에 서서 할머니가 떠나신 그 어둠의 세계를 생각해 본다. 어둠에 익숙해진다는 것은 밤이 하나의 먹빛이 아님을 알아 가는 과정일 것이다. 어둠은 또 다른 내일을 위한 휴식의 시간이며 축제의 순간인지도 모른다. 하늘에는 꿈을 꾸게 하는 달과 별이 있기에 더욱 우리의 삶이 풍부해지는 것이 아닐까. 박남수 님의 〈이 어둠 속에서〉가 생각난다.

이 어둠 속에서 나만이 있는 것이 아니다
이름을 불러 줄 수 없는
그 무엇들이 여기에 있을 것이다
(중간 생략)
그 숱한 것이 여기서는
그저 이름도 붙여 줄 수 없는
그 검은 어둠 속에서
제 지닌 것들을 키우고 있다

어린 왕자가 말했듯이 참된 것은 정작 눈에 보이지 않는다는 것도 알고 있다.

하루의 마감은 어둠이 내리면 하게 된다. 오늘은 내일을 위한 준비가 아닌가. 거리에 어둠이 내리면 모두들 자신의 둥지를 향해 찾아들고 그들의 영혼만이 대지를 헤맨다. 하루해가 지듯 한 해가 진다. 인생도 이와 같아 청년기를 지나 노년기에 들고 황혼을 향해 가듯 어둠 속을 향해 가고 있다. 머지않아 어둠이 짙게 내리게 되겠지. 낮과의 헤어짐은 또 다른 달과 별의 만남이 있기에 나는 외로워하지 않으리라. 하루해가 지듯 한 해가 지면 나는 헤어짐의 쓸쓸한 경험에 몸을 떤다. 새로운 세계를 향해 여행을 떠나는 마음으로. 지금 창밖에 물들어 가는 나무들의 삶을 보면서 나는 정말로 운이 좋은 사람이라고 생각한다.

오늘의 시간은 덤으로 주어진 시간이 아닌가. 신이 내게 내린 특별 보너스 같은 것. 나보다 더 뛰어난 사람도 떠났는데 어찌하여 나에게 오늘이 더 허락된 것일까.

아직도 못다 한 일이 있기에 또다시 기회가 주어진 것일까? 나는 오늘이 마지막날인 것처럼 살아가리라. 내일의 헤어짐 때문에 오늘을 낭비하진 않으리. 이제 남은 일은 쓸쓸한 헤어짐을 최대한 아름답게 하는 일. 그 마지막 잊을 수 없는 눈물의 순간까지 미소 지을 수 있도록, 오늘의 삶을 충분히 맛보고 감사히 여기리라. 깜깜한 밤이 오기 전에 잠깐이나마 황홀하게 불타는 서녘 하늘의 노을처럼 나의 인생도 아름다운 황혼이기를 소망해본다.

가을은 사람을 사랑하게 만들고 더욱 외로운 자아에 눈뜨게도 하는 아픈 계절이 아닐까. 침잠沈潛의 계절 겨울이 오기 전에 마음껏 멋을 부려보고 싶은 가을이다. 내일은 마음 기댈 수 있는 동무를 불러내어 갈대가 피어나는 가을 들판으로 나가 볼까. 다리가 아프도록 걷다가 어느 외딴 찻집에 들러 따끈한 커피 한잔을 시켜놓고 놓쳐버린 우리의 꿈과 사랑을 오래오래 얘기하고 싶다.

어둠이 내리는 아름다운 착각의 계절에.

# 병실에서

중앙엔 그랜드 피아노가 놓여있고 그 옆에는 크리스마스 트리가 화려한 빛을 발하고 있다. 가끔 젊은 부모들과 아이들이 피아노를 연주하는 나른한 오후. 이층에서 내려다보는 전경이 마치 호텔로비를 보는 것 같다.

내가 살아오면서 이렇듯 한가롭게 휴가를 즐겨 본 적이 없었다. 무엇을 위해 그토록 달려왔는지 뒤돌아보지 않고 살아온 길인데, 신은 내게 잠시의 쉼표를 찍어 주셨다.

비록 육신은 병으로 인해 만신창이가 되어도 이것이 나의 운명이고 하늘의 뜻이라 여기며 긍정적으로 마음을 바꾸니 일상의 자신으로 돌아온 느낌이다.

마치 휴가를 온 것만 같은 마음이 드니 말이다. 지금까지 많은 것을 입고 먹으며 살아왔어도 오늘처럼 편안하고 여유로운 시간을 느껴 본 적은 없다.

세상 모든 일은 마음먹기 나름이라고 하더니 그 말이 실감된다. 남은 생이 얼마인지는 알 수 없지만 환자복 한 벌로서 만족하고 욕심 부리지 않는 지금의 생각처럼 살아 갈 수만 있다면 얼마나 풍요한 삶이 될 것인가.

앞만을 바라보며 달려온 지난날. 무엇이 그토록 자신을 몰아세웠을까. 꿈도 야망도 이루지 못한 채 여기까지 숨가쁘게 달려온 그 길가에 잃어버린 것들이 얼마나 많을까.

소중한 것들을 알지 못한 채 스쳐지나고 만 세월이 아니던가. 한 치 앞도 가늠하지 못하는 어리석고 어리석은 인간인 것을. 천 년을 누리며 살 것 같은 착각 속에서 얼마나 많은 오만을 부렸던가. 산다는 것 유별날 것도 없는데 나만은 좀 더 나은 삶을 구가하고 싶은 욕심으로 주위를 돌아보지 않으며 숨가쁘게 달려온 삶의 언덕에 쓸쓸한 바람소리만 들려온다.

봄날의 새싹도, 여름날의 그 짙푸른 녹음도, 가을날의 낭만도, 이젠 사라지고 허허로운 겨울 찬바람 속에 있는 것만 같은, 바로 여기가 삶의 종착이 아닌지 하는 의구심이 때때로 자신을 괴롭힌다.

옆 침대엔 80세 노인이 노환으로 누워있고 내 앞엔 7년 동안 병마와 싸우며 의식도 없는 식물인간의 모습. 또 다른 침대엔 암 환자와 심한 당뇨환자가 있는 병실에 심각한 병명과는 달리 겉모습은 멀쩡한 나는 '나이롱환자'로 불린다. 건강만은 자신 있다고 큰소리치며 살았던 날들. 보이지 않는 곳에서 병들어 가고 있음을 알지 못한 인간의 어리석음.

어느 날 갑자기 사고처럼 돌출한 병마, 투석실로 달려가는 숨 가쁜 릴레이였다. 아직도 정리가 되지 않지만 많고 많은 병 중에서 육신의 고통이 심하지 않은 병을 얻게 된 것만으로도 신이 내린 마지막 자비라고 생각한다.

창가에 어둠이 내린다. 어느새 가로등 불빛이 현란한 도시의 밤을 장식하고 있다. 멀리 보이는 아파트촌의 환한 불빛의 따스한 온기가 이곳까지 전하여 오는 듯하다.

어쩔 수 없는 혈연으로 자식들에게 무거운 짐을 지게 하는 난 어떤 어머니로 그들의 가슴속에 새겨질 것인지. 저 도시의 불빛처럼 강렬하지는 않겠지만 때때로 빛을 발하는 도시에 뜨는 별처럼 영원히 그들의 고향이었으면.

힘들고 지쳐 의지할 곳 없을 때 그들의 길잡이가 될 수 있는 샛별이기를 바라는 간절한 마음이다. 진정으로 크리스마스의 기적을 바라는 많은 사람들, 병중에 있는 사람들의 가슴속에 아기 예수가 탄생하시길 기도해 본다.

# 피 돌리기

전혀 꺾일 것 같지 않은 여름도 자연의 순환 앞엔 어쩔 수 없나 보다. 아침저녁으로 서늘한 바람이 일더니 포도엔 낙엽이 날린다.

생각해보면 하루하루 가슴 졸이며 지내온 나날들. 이제는 일상이 되어버린 8년의 병원생활. 간단한 검사가 끝나고 "신부전입니다. 투석 준비를 하셔야겠습니다."

쓰나미처럼 밀려온 의사의 한마디. 그것은 삶의 마지막을 선고하는 것만 같았다. 누구든 자신만은 예외라고 생각하며 살아가고 있다. 생각지 못한 열외가 되고 나면 어떻게 해야 할지 몰라 허둥대게 된다. 철없던 시절에는 짧고 굵게 멋진 인생을 살겠다는 당찬 포부를 간직하고 있었다. 구차하게 길게 살고 싶지 않다는 얄팍한 사고가 죽음과 직면하게 되니, 누군가에게라도 매달리고 싶은 심정이었다.

억울하고 분한 마음이 자신을 더욱 힘들게 했다. 죽음이란 참으로 사람을 초라하게 만들고 있었다. 자신이 할 수 있는 일이란 견디는 일뿐이었다. 내일을 기약할 수 없었던 날들. 방황의 날들이었다.

피할 수 없으면 즐기라는 말이 내겐 큰 힘이 되었다. 신이 내게 자신을 돌아볼 수 있는 기회를 주신 것에 감사하며 다시금 대학공부를 시작하였다.

인간은 망각의 동물이라고 했던가. 처절하리만큼 간직했던 삶에 대한 욕망도 한해 두해 지나고 나니 그때의 마음들이 조금씩 흐려져 가고 있었다. 언젠가는 열망으로 맺혔던 기억의 시간들도 사라져 갈 것이다. 잠시 내 몸에 잠겨 있던 상념들이 피가 되고 살이 되어 생의 피 돌리기로 살아 있음을 느낀다.

흘러 없어질 것이라는 환각 같은 삶. 울지 않기 위해 시간의 테이프를 느슨하게 풀어본다. 맺힌 시간의 피돌기가 풀리며 동그랗게 관 속을 말려 올라가는 검붉은 시간들. 나의 바람을 숨으로 빚어내는 것도 힘겨운 묽은 체증처럼 흘러가는 꿈인 것을.

오늘도 난 내 안의 사그러들지 않고 용광로처럼 피어나는 꿈을 본다. 저 붉은 피 돌리기를 보면서. 심장으로부터 온몸의 핏줄기를 타고 육신의 곳곳을 돌아 저 거대한 기계 속을 지나 다시금 심장으로 되돌아가는 생의 피돌기. 조상이 나를 통해 내 후손에게 이어지는 관계처럼. 보이지 않은 곳에서 나를 일으켜 세우고 있다.

우리 모두는 육체라는 집에 잠시 머물다 떠날 존재인데 영원을 꿈꾸며 신의 영역을 넘겨다보는 오만을 저지르고 있지 않은가. 때론 원망하며 지나온 날들.

그런 내게 신은 영원한 십자가로 난치병을 주셨나 보다. 때론 억울하고 포기하고픈 생이지만 신은 감당할 수 있는 만큼 주신다고 했으니, 내가 능히 짊어지고 갈 수 있는 무게가 아닐까 생각한다.

움직이며 살고 있다는 것만으로도 축복임엔 틀림없는 사실이다.

내 마음에 가득한 오만을 없애고 최소한의 겸손과 감사의 마음을 갖게 하기 위해 오늘도 난 십자가를 닦으며 살아가려 한다.

우린 가슴속에 등대를 하나쯤 가지고 살아가고 있는지도 모르겠다. 때론 자신의 길을 밝혀 줄 마음의 등대가 필요할 때가 있다. 폭풍우 치는 어둠 속에서 만나는 등대의 불빛은 더욱 반갑고 희망적이다. 이렇듯 내일을 기약할 수 없는 순간이면 더욱 그렇다. 나의 등대는 저 거대한 피 돌리기 기계란 말인가.

우리 모두는 가슴속에 상처를 숨기며 살아가고 있다. 내 상처 안에 숨어 있는 작은 세포들은 서로 부딪치며 소리죽여 울고 있다. 저 피 돌리기가 멎는 순간 생과의 이별이겠지. 산다는 것이 죽음과 맞물려 돌아가는 것. 오늘도 저 거대한 기계에 의지하며 삶을 견뎌내는 내 육체에 감사해야 하는 것인지.

건강하지 못한 삶 앞에는 누구든 슬픔을 간직하고 있다. 거부하고 싶은 삶이지만 어쩜 처절하리 만큼 삶의 욕구가 더욱 솟구치는지도 모를 일이다.

하루가 저물고 뿌연 안개 속으로 어둠이 내리면 아직 끝나지 않은 생을 이어갈 피 돌리기가 시작된다. 때론 저승과 이승을 넘나드는 꿈같은 시간을 지나기도 하지만, 살아 있다는 한 가지만으로도 나는 행복해하리라. 오늘이 지나 내일이 허락하는 한. 병원 문을 나서자 싸늘한 바람이 온몸을 휩싼다. 살아있음을 확인하듯 느슨해진 내 육체 안에 피들이 아우성을 치는 듯하다.

고개를 들어 하늘을 보니 도시의 하늘에도 희망처럼 별이 떴다. 벨벳 위에 보석처럼 불들이 밝혀진 도시는 또 다른 세계로 나를 이끌어 가려 한다. 저 어둠을 가르는 빛처럼 내 안에서 힘차게 뛰고 있는 생의 피돌기. 내 마음을 가득 채우고 목줄기로 올라오고 있는 이것은 행복일까, 고통일까.

오늘도 어두워진 거리를 지나 내일을 향해 걸음을 옮긴다.

어둠 속에 빛을 밝히는 등대를 향하여.

# 특별한 동행

지친 몸을 이끌고 집으로 향하고 있다. 삶의 절반을 이렇듯 그와 더불어 생활을 해야 하니 전생에 나는 참으로 한심하게 살았나 보다.

9년 전 쓰나미처럼 밀려와 육신과 영혼을 황폐화시키며 지배하기 시작했다. 처음 이 병명을 들었을 때 내일을 기약할 수가 없었다. 투석이란 내겐 생소한 단어였으며 신부전에 대한 얄팍한 지식으로 죽음을 선택하려고 했다. 평생을 저 거대한 기계에 의지하며 생을 구걸하고 싶진 않았기 때문이다.

그러나 쓰러진 나를 그 기계는 다시 살려냈으며 살기 위해 그를 다시 찾았고 그는 도도히 아니 거만하게 나를 맞았다. 때때로 나를 저승 문 앞까지 밀어 넣고 악마처럼 나를 시험하기드 하며 그의 힘을 과시하기도 했다.

죽음은 피할 수 있는 일이 아니기에 우리는 늘 죽음을 삶의 한자리로 초대하여 함께하여야 함을 알았다. 죽고 사는 것도 위대한 신의 뜻이 아닌가.

내 몸의 혈관과 맞닿아 흐르는 저 거대한 기계(투석기)는 삶과 죽음의 접경지역 같은 것. 누구나 사랑하는 사람과 즐겁고 행복한 동행을 꿈꾼다. 그러나 인생의 절반을 이상한 기계와 함께하니 참으로 얄궂은 동행이 아닌가.

옷깃만 스쳐도 인연이라고 했던가. 그와 난 피를 공유하니 참으로 인연 중에 최고의 인연이 아닌가. 내가 그를 싫다 하여 거절한다면 내일이 존재할 수 없으니 그를 크나큰 은인이라고 해야 할까. 그가 있어 오늘 하루도 살아 있다는 것에 감사해야 할 것이다. "죽음이 가까이 있으니 항상 잊지 않기 위해 이미 죽어 무덤 속에 있는 듯 살아갈 일이다."(요한)

이제는 내가 동행자로 인정하고 화해를 청하여 평생을 같이하기로 하니 그 또한 살갑게 다가오는 것 같다. 우리는 아주 특별한 동행자로서 오늘도 나란히 내일을 향해 가고 있다. 때론 불행도 유익할 수가 있다. 행복이 무언지를 되돌아볼 수 있는 계기가 될 수 있으니까.

예전에 친구들과 어울려 한의원에 가서 진맥을 한 적이 있었다. 건강엔 이상이 없고 혈압이 낮으니 운동이나 열심히 하라며 그 흔한 보약도 내겐 필요치 않다고 했다.

그 이후 건강에 자만심을 갖게 되었다고 해야 할까, 자만심이 지나쳐 어지간한 아픔은 참았으니 그 모든 것이 화근이 되어 병이 자라고 있음을 알지 못한 채 지내왔다. 병은 내게 많은 것을 생각하게 했다. 천년을 살 것처럼 보내버린 날들.

나름대로 멋지게 살려고 했는데 지금 이 순간이 얼마나 소중한 날임을 실감했다. 느슨해진 삶의 태도가 적극적으로 바뀌고 내일을 다시 맞을 수 있을지 알 수 없기에 후회 없이 살려고 노력하게 되었다.

쉬지 않고 달려온 내가 하느님이 보시기엔 참으로 안타까우셨나 보다. 병을 주셔서 쉴 수 있는 시간을 갖게 해주셨다고 생각하니 감사할 수 있는 여유를 갖게 되었다. 참으로 오랜만에 느껴보는 여유의 시간은 지나온 삶을 되돌아보게 했으며, 죽는 문제와 어떻게 살아야 잘살았다고 할지를 생각게 했다.

“몸에 병 없기를 바라지 마라. 몸에 병이 없다면 탐욕이 생기기 쉬우니, 성인이 말씀하시길 병고로서 양약을 삼으라.”(보왕 삼매로)고 했듯이 그간 탐욕에 눈먼 자신이 보이기 시작했다. 살아간다는 것은 내게 어떤 의미일까. 오늘하루 열심히 살아내야지. 눈 감으면 내일의 태양을 다시 대할 수 있을지 알 수는 없지만 오늘이 마지막 날처럼 살아보자. 내가 살아가는 날까지 저 이상하고 특별한 동행자와 함께.

# 비상

어떤 시인은 이 세상살이를 소풍 왔다 가는 것이라 읊었다. 나 또한 소풍이라 여기며 살려고 애써왔다. 소풍을 기다리는 설렘은 누구나 같을 것이기에. 그러나 뜻하지 않은 천재지변으로 망쳐버린 소풍날이 얼마나 많았던가! 나의 인생도 그와 같아 어느 날 찾아온 병마는 내 삶을 뒤흔들고 할퀴어 알 수 없는 방향으로 몰아가고 있었다. 소풍처럼 살려던 안일한 내 삶의 모습이 보인다.

언젠가 교육을 받으면서 보았던 영상이 생각나서일까. TV 〈동물의 왕국〉을 보니 솔개의 일생이 생각난다. 솔개의 수명은 약 70년이라고 한다.

인간의 수명과 거의 맞먹는 기간이 아닌가. 그들도 약 40여 년을 쓰다 보면 부리는 길게 자라 구부러지고, 발톱은 무디어지며 날개 또한 무겁고 칙칙하여 높게 멀리 날 수가 없게 된단다. 더 이상 사냥을 하기엔 적당치 않음을 알기에 새로운 결심이 필요함을 깨닫게 된다. 솔개는 나머지 삶을 그대로 견디며 살아갈 것인지 아니면 자신을 바꾸어 활기찬 삶을 살아가야 할 것인지 선택의 기로에 서게 된다.

새로운 삶을 선택한다는 것은 죽음과 같은 고통임을 알기에 선뜻 선택할 수 없는 길. 운명과 마주하여 싸울 수 있는 자만이 그 길을 선택하게 된다.

결심한 솔개는 높은 산꼭대기로 날아올라 둥지를 틀고 제2의 삶을 위하여 고행을 하게 된다. 솔개는 큰 바위를 선택하여 낡은 부리가 뽑힐 때까지 수십 번이고 바위에 부딪치며 뽑아버리고 다시금 새 부리가 나길 기다린다. 부리가 다시 나면 그 부리로 구부러진 발톱을 뽑고 칙칙해진 깃털을 뽑아 버린다고 한다. 새 부리와 발톱, 깃털을 갖게 되는 반년의 시간이 고통 속에 흐르게 된단다. 그 고통의 시간 속에 그를 돌보아주는 골든 이글이 있다고 한다. 골든 이글은 수리 과 최대의 검독수리로 자신을 변화시킬 의지가 있는 솔개만을 돌보아준다고 한다. 그의 돌봄과 후원으로 피나는 고통과 인내를 견디며 새롭게 태어날 수 있어 나머지 자신의 삶을 힘차게 살아갈 수 있다고 한다.

우리의 삶 또한 마찬가지가 아닌가. 어떤 이들은 부족함 없이 태어나지만 대부분은 그렇지 않다. 자신의 운명을 뛰어넘으려 해도 자꾸만 넘어질 때면 숙명이라 여기며 자신과의 투쟁에서 타협해버리고 만다. 때론 무엇을 꿈꾸며 산다는 자체가 허무할 때가 많다. 젊은 날엔 이루어질듯 하던 모든 일들이 몸과 마음이 지쳐가는 나이가 되면 포기하고픈 마음으로 적당히 살아가는 것이 아닌지 모르겠다.

주저앉아 원망하기에는 하루하루가 소중한 시간이기에 내일을 위해 일어서야만 하지 않을까. 대충 적당히 주어진 삶을 살아온 내겐 충격적인 얘기였다.

솔개의 고통이 내 자신을 전율케 했다. 발톱 하나 멍이 들어 빠질 때에도 제대로 걷지 못했는데 생으로 뽑아버린 솔개의 고통에 비하면 나의 아픔은 너무나 미미한 것이 아닌지. 미물도 자신의 삶을 위하여 치열하게 살아가는데 하물며 인간으로 태어나 뭔가 보람 있는 일을 해야만 하지 않을까. 내 아픔에 겨워 살펴보지 못했던 주위를 돌아보게 된다. 나보다 더 고통을 당하면서도 힘차게 살아가는 환우들을 보면서 자신을 반성해 본다.

나는 지금 어떤 모습으로 이 세상에 머물고 있는 것인가? 신이 나를 이 세상에 보낼 때에는 무언가 할 일이 있음이 아닐까. 그냥 주어진 대로 왔다가 가는 것이 아님을 새삼 느낀다. 난 남을 위해 무엇을 했는지. 이기심에 가득한 나의 모습에서 부끄러움을 느낀다. 지나온 날보다 남은 날이 적기에 이제는 눈을 밖으로 돌려야 할 때임을 안다. 젊은 날에 묻어버린 꿈들을 다시금 불러와 우리 모두가 즐겁고 행복한 일들을 찾아보려 한다.

저 푸른 창공을 나는 솔개처럼 다시금 자신을 만들어 가야 할 시기가 아닌지. 너무 늦었다고 느낄 때가 가장 빠른 순간이라고 했다.

비록 육신은 병들고 얼굴에는 주름이 늘어가도 내게 있는 최소한의 재능을 나누어 주리라. 단순한 책 읽는 일이지만 시각 장애우들에게 조금의 도움이라도 될 수가 있다면. 신이 주신 나의 목소리를 듣고 그들의 가슴속에 꿈이 피어날 수 있기를 바라면서 오늘도 녹음실을 향해 가는 발걸음을 재촉해 본다.

가슴에는 골든 이글의 소망을 간직한 채.

제4부

# 황포강의 저녁노을

황포강에 돛단배를 띄우고 어디론가 떠나고 싶다. 이국의 밤은 나그네의 마음을 더욱 고독에 젖게 한다. 강물에 비치는 불빛은 상상의 나래를 펴게 한다.

# 꿈에 그리던 개골산

통일 전망대 C. I. Q(검역소)를 통과하면서 육로를 이용하여 금강산 여행을 할 수 있다는 현실에 흥분과 기대로 설레는 마음을 진정키 어려웠다.

TV에서만 보았던 북방 한계선 철조망을 끼고 돌아 비무장지대 안으로 들어서니 제일 먼저 원시림의 나목裸木들이 우리를 맞이했다.

희귀식물과 동물들의 보고라고 하는 이 땅. 슬픈 역사가 아름다운 자연으로 우리 앞에 그 모습을 드러내고 있었다. 반세기가 넘도록 인간을 받아들이지 않았던 우리 조국의 아픔이 능선과 골짜기마다 퇴적층을 이루어 바람으로 내게 다가온다.

나는 한 마리 사슴처럼 저 산하를 뛰어 다니고 싶은 충동을 느끼며 머지않아 싹틀 봄과 여름, 가을을 그려본다.

북녘 땅으로 접어드니 대지의 빛깔도 달라 보였다. 산은 돌산을 이루고 경직된 그곳에 나무마저도 뿌리를 내리지 못했는지 초입의 허허로운 벌판의 삭막함이 겨울바람처럼 가슴을 파고든다. 우리 일행이 지나는 길목에 북한 병사들이 군데군데 보초를 서 있는 모습이 마치 장난감 병정들 같은 착각이 들 정도이다. 십칠팔 세의 앳된 모습에서 애잔한 슬픔이 느껴짐은 나의 지나친 선입관 때문일까. 추위에 얼굴과 손은 빨갛게 얼어 터질듯한 애처로운 그들을 보며, 한민족 한 조국이 달리한 이념으로 나누어진 현실 앞에 자꾸만 가슴이 답답해왔다.

통일전망대를 떠난 지 한 시간 반쯤에 장전항에 도착하였다. 이렇듯 짧은 시간이면 오고갈 수 있는 북녘 땅이 왜 그리도 멀고 먼 길이었는지. 반세기가 지나서야 시범으로 열린 금강산 길.

장전항에 내리니 스피커에서는 〈반갑습니다〉라는 노래가 연속적으로 흘러 나와 이곳이 북녘 땅임을 실감나게 한다. 내가 밟고 있는 곳이 북한이라니 얼마나 먼 시간 속을 헤매어 왔는가. 같은 나라이면서도 다른 두 나라이기에 세관 통과 또한 너무나 까다로웠다. 마치 소풍 온 유치원생들처럼 번호에 맞춰 줄을 서서 기다려야만 하는 짜증스러운 시간이지만 이곳에 서 있다는 것만으로 참아야 했다.

장전항을 고성항이라고도 했다. 그곳은 금강산 관광을 위해 현대아산이 모두 재건했다고 한다. 해상을 통해 관광 오는 사람들도 이 항이 기착지이다.

물 위에는 선박 호텔 〈해금강〉이 떠 있어 어두워지는 항구를 아름답게 비추고 있었다. 자연의 아름다움을 즐기기에는 너무나 제약된 것이 많았다. 사진을 함부로 찍어서도 안 되며 손가락질도 해서는 안 된다는 주의사항을 들으며 바라본 자연은 우리의 아픈 현실이었다.

세관을 통과하여 다시 버스로 어둠 속을 달려 온천 빌리지에 도착하였다. 시골의 저녁은 어둠에 묻혀 경관은 알 수 없으나 유일하게 네온사인의 밝은 불빛이 비치는 그곳이 온정각이라고 한다. 온정각은 이산가족들이 상봉하는 장소로 이미 알려진 곳이었다. 관광객의 유일한 식당이며 면세점이 있는 곳이다. 현대 아산의 관리 하에 있는 곳이며 식당 종업원, 버스기사 모두 다 중국동포와 현대 아산의 직원들이었다. 북한 주민은 접촉할 수 없는 여행이 될 것 같다.

식사는 남한식의 뷔페였다. 숙소 또한 열악하여 금강 빌리지는 컨테이너 박스로 되어 있고 우리가 기거할 온천 빌리지는 조립식으로 남한 대학생들의 금강산 관광을 위해 야영지로 사용하였던 곳이라고 한다. 해상 관광은 선박 호텔 해금강이었다. 육로 관광은 이 시범단의 관광이 끝나면 한동안 쉬었다 숙소가 해결되면 다시 재개한다고 한다. 밤이 되자 빌리지 마당 한편에 포장마차가 있었다. 포장마차 상호가 황금마차라니 유행가에서 따온 이름 같기도 하다. 관광단을 따라 다니며 장사를 하기에 유명하다고 한다. 놀이 공간도 쉴 곳도 없는 이곳에 유일하게 일행들의 야참을 할 수 있는 곳. 서울에서 왔다는 부부는 2개월에 한 번 휴가를 간다고 했다. 마음대로 돌아다

닐 수도 없는 곳. 칠흑 같은 어둠에 싸인 온정리의 밤은 적막 속에 묻혔다. 우리는 야영 온 학생들처럼 여자들과 남자들로 나뉘어 단체로 투숙을 했다.

북녘 땅 금강산 아래에 누워 있는 자신이 믿기지 않음인지 잠은 오지 않고 만감이 교차하여 거의 뜬눈으로 밤을 지새웠다.

뿌연 새벽안개 속에 드러난 온천지대의 경관은 솔밭 속에 아늑하게 자리 잡은 참으로 아름다운 곳이었다. 소나무 위로 드러나는 백옥을 깎아놓은 듯한 기이한 봉우리가 한 폭의 동양화 같다. 세조께서 이곳 금강산 온천에서 목욕을 했다는 유명한 곳이다. 그 물에 몸을 담그니 만병이 치유되는 듯싶다.

아침 식사 후 본격적인 관광이 시작되었다. 말이 거창하여 금강산 관광이지 일부분에 불과했다. 구룡계곡과 만물상, 그리고 해금강과 삼일포가 개방의 전부였다. 계곡과 만물상 중 택일하여 한 군데만 보게 되는 것이다. 그나마 만물상은 눈이 많이 쌓여 삼분의 일 정도밖에 올라가지 못한다 하니 구룡계곡을 택했다가 코끼리 코 만지기가 아닌가.

온정리에서 구룡계곡 입구까지는 35리 길. 관광버스는 무려 26대의 긴 행렬을 그리며 계곡을 향해 출발하였다. 온정리는 외금강의 요충지로서 예부터 금강산 유람객들을 위해 마을이 번성했다고 하나 오늘 내가 본 온정리는 죽음의 도시처럼 침묵 속에 묻혀 있어 주민들조차 눈에 띄지 않았다. 구룡폭포 가는 길에 멀리 주민들이 일터로 나가는 모습을 볼 수가 있었다. 가끔 TV에서 비치는 북한뉴스를 보는 것 같았다. 우리 어릴 적 시골 풍경 그대로 멈춰 버린 시간 속에 와 있는 것 같은 착각을 하게 한다. 이것이 화면 속의 풍경이라면 향수를 일으킬 수 있으련만 여기는 현실이기에 가슴이 아파 왔다.

교통체증을 일으키는 승용차는 한 대도 볼 수 없을 정도다. 다만 개인이 소유할 수 있는 유일한 자전거를 탄 사람들이 간간이 보였다. 자전거도 면허를 내야 한다고 한다. 마을길은 장화를 신고 다닐 정도로 진창을 이루고 있었으며 며칠 전 내린 눈으로 산은 온통 백설로 덮여 개골산을 실감케 했다. 계곡으로 접어들면서 '신계사' 절터를 보았다. 아름다운 소나무 숲 속에 자리 잡은 신계사.

솔바람 소리에 사찰의 풍경 소리와 스님의 목탁 소리가 들리는 듯하다. 신계사는 장안사, 유점사, 표훈사와 더불어 금강산 4대 사찰 중의 하나라고 하는데 지금은 부도와 삼층석탑 당간지주만이 남아 있다고 하니 세월의 무상함이 새삼스럽다. 화려한 옛 신라의 영화가 풍운 속에 이끼로 남았음인가. 쭉쭉 뻗은 소나무는 남쪽의 소나무와는 다르다. 미인소나무라고도 하며 임금의 관을 만드는 데 쓰이는 소나무라 하여 황관목이라고 부른다. 정말 아름다운 미인들의 모습처럼 하늘을 향해 곧게 서 있었다.

버스에서 내린 우리는 아이젠을 하고 산을 올랐다. 길 양옆으로 세워 놓은 파이프가 파묻힐 정도로 눈이 쌓여 겨울의 금강은 말 그대로 개골산이었다. 남성적인 산의 모습 속에서 태초의 웅장함을 느끼게 한다.

계곡에 쌓인 눈은 신의 작품세계를 보는 것만 같았다. 얼음과 눈 속을 흐르는 물은 군데군데 폭포를 이루고 소를 만들고 있었다. 이미 봄은 깊은 금강의 계곡에도 오고 있었다. 계곡 양옆으로 우뚝우뚝 솟은 산봉우리의 기기묘묘한 모습은 말로 표현할 수 없는 절경이었다. 어떻게 금강산을 표현할 수 있을까.

안내원이 말하길 금강산 구경은 눈으로 하지 말고 마음으로 하고 가라고 했다. 자연은 아름다운데 인간세상은 이토록 아픔을 주는지. 금강산 기암괴석이 가슴을 짓누르는 듯 답답하다.

신계천 풍치에 취하여 걷다 보면 나 또한 자연과 한몸이 된 듯하다. 군선협과 옥류동 두 계곡이 합류하는 곳. 옥청계를 지나면 돌로 된 문이 앞을 가로막는다.

마치 ㄱ자 모양의 굴이 생겨 그 문을 금강문이라 한다. 겨우 한두 사람만이 들어설 수 있는 문. 금강문을 들어서야만 진정한 구룡동 구경을 한다고 하니 여태까지의 경치는 맛보기라고나 할까. 신이 특별히 만들어 감추어 놓았다가 이 문을 열어 보게 하였다고 하는 구룡계곡의 절경. 아주 먼 옛날에는 금강문이 막혀 있었다고 한다. 하느님의 실수였는지 어느 해 대홍수에 문을 막고 있던 돌이 떠내려 가고 인간 세상에 공개되었다고 한다.

문밖과 문 안의 경치가 너무나 달라 하느님이 인간에게 보이기를 꺼렸다고 했으니 그 절경을 가히 짐작하리라. 지금은 눈에 덮여 채색된 아름다움을 볼 수가 없지만 통일이 되는 날 다시 한 번 찾으리라.

조금 올라가니 탁 트인 계곡, 맑은 물소리, 펀펀한 돌을 미끄러지듯 타고 흐르는 물. 나도 그 물을 타고 내려와 못 속에 유영하고픈 곳. 눈으로 먼저 아름다움에 취하여 한숨 돌리니 그곳이 바로 옥류동이었다. 사방으로 둘러싼 산세의 경관, 옥구슬 같은 맑은 물의 흐름이 눈[雪] 속에서 더욱 영롱하게 빛나고 있었다. 소를 이룬 곳은 반 이상 얼음에 덮여 있고 그 위에 백설이 넓은 평지를 이루고 있었다. 우리가 상상할 수 있는 일체의 미적 요소, 미적 조건, 완전한 자연의 조화를 이룬 곳인 듯하다. 감히 내 필설로는 표현할 수 없는 아름다움이었다.

옥류동 다리 위에서 내려다보면 왼쪽에는 굵고도 잔잔한 주름을 가진 암벽. 오른쪽에는 뾰족하면서도 원만한 봉우리. 좌우에 갖은 모양의 노목들의 조화.

그 중앙으로 흘러내리는 옥류동 맑은 물. 나목裸木만이 서 있어도 그 모습은 웅장하고 화려하며 빼어난 풍광은 개골산의 진정한 아름다움으로 조물주의 위대함을 느끼게 한다. 인간이란 얼마나 나약한 존재인지 새삼스러워진다.

아쉬움을 간직한 채 천화대 건너 비탈로 올라서면 구김살 많은 천 길 석벽이 왼쪽에 가파르게 솟았고 피라미드 같은 기이한 봉우리 사이에서 떨어지는 폭포를 보게 된다. 지금은 얼음으로 산비탈을 덮고 있지만 난 여름날의 물소리를 듣고 있다.

마치 바람에 날리어 떨어지는 물보라가 산기슭을 나는 나비처럼 화려한 장관을 이루는 연상을 한다.

비룡폭포를 지나 마지막 구름다리를 건너 철 난간과 바위벼랑을 지나면 석벽과 석봉이 웅장하고 넓게 둘러선 기슭으로 하여 이 골짜기의 막바지를 보게 된다. 최남선 씨의 〈금강 예찬〉에 의하면 "우레 소리 온 골짜기에 울리고 그 기운 푸른 바다를 삼키네."라고 표현한 구룡폭포는 얼음 기둥이 되어 산을 떠받들고 있었다. 비로와 구정, 양 봉우리의 물이 합류하여 말의 귀 같은 두 틈 사이로 은사로 직조한 선녀들의 날개옷감을 걸어 놓은 듯하다. 만지면 녹아버릴 것만 같았다. 그 밑 소沼에는 천상에서 내려온 두레박이 잠겨 있을 것만 같다. 깊이를 가늠할 수 없는 구룡연 속에는 적성의가 얻어왔다는 일영단(선약)이 있음 직도 하련만 무슨 재주로 꺼낼 수 있으랴.

구룡폭포는 개성의 박연폭포, 설악산의 대승폭포와 더불어 우리나라 3대 명폭의 하나라고 한다. 우리 일행은 폭포가 건너다보이는 구룡대 정자에 올라서 기념사진을 찍고 내려와야만 했다. 눈길 머무는 곳곳마다 감탄사를 자아내게 한다.

저 계곡 아래 선녀와 나무꾼의 전설이 살아있는 상팔담 물에 손을 담그고 싶다.

쓸쓸하지만 자유로운 바람 속에 서서 눈 속에 묻혀있는 애잔한 슬픔을 느끼고 싶은 마음이랄까. 나는 꿈을 꾸리라. 동토의 북녘 땅에도 꽃샘바람이 불어오면 머지않아 봄은 찾아오리란 것을.

계곡을 내려오면서도 자꾸만 뒤돌아보게 되는 것은 선녀와 나무꾼의 웃음소리가 바람결에 들리는 것만 같아서였다.

# 황포강의 저녁노을

대륙의 쌀쌀한 바람 속 상해 포동국제공항에 발을 디딘 건 청주에서 1시간 20분 후였다. 지천명知天命의 나이에 새로운 도전으로 문창과를 선택하여, 신입생 오리엔테이션으로 중국여행길에 오르니, 젊은 날 학창시절로 되돌아간 듯 설렘으로 지난밤을 설치기도 했다. 버스로 이동하면서 보이는 거리는 회색빛 하늘 아래 산 그림자 하나 없는 황량했을 광야에 지금은 고층건물들이 다투어 서 있는 것을 보면서 무섭게 밀려오는 중국의 힘에 전율을 느끼게 되었다. 무질서 속에서 느껴지는 그들만의 힘과 자존심. 반도에 위치한 내 조국 대한민국 아니 조선. 그 조국의 독립을 위해 젊음을 불사르던 독립열사의 혼이 오늘도 홍구 공원 한귀퉁이에 돌비석으로 남아 이곳을 찾는 후손들에게 다시금 살아나고 있었다.

임시정부청사로 향하는 골목에는 태극기 대신 지저분한 빨래가 우리 일행을 맞이했다. 우리의 사고思考에서는 차마 있을 수 없는 일이지만 이곳에서는 아무렇지도 않다니.

좁은 골목골목을 돌아 일경의 눈을 피해 드나들었을 독립군의 재빠른 몸짓이 여기저기서 보이는 듯하다. 허술한 이층집 청사. 조국의 독립이 잉태된 사무실과 침실, 주방에서 아직도 그분들의 숨소리와 정열을 느낄 수 있었다. 조국이란 얼마나 소중하고 든든한 것인지 자꾸만 가슴이 뜨거워진다. 어둠이 내리는 상해를 벗어나 소주로 향했다. 소주의 풍경은 상해와는 사뭇 다르다. 먹과 종이를 상징하는 검은 기와와 흰 벽의 건물, 무심히 흐르는 강물은 옛 선비의 정신을 볼 수 있었다.

둘째 날 8시 10분. 호텔을 나와 호구산으로 향했다. 지나는 곳곳에 인공 양식장과 운하의 모습을 볼 수 있었다. 그들은 생활이지만 이국인의 눈에는 운하를 오르내리는 뱃사공의 모습이 한 폭의 그림 같으리라. '지상에는 소, 황이 있다.'라는 말이 있다는데 소주 옆에 황주가 위치하고 있는데 그곳을 보지 못한 채 동양의 베니스인 소주만으로 만족해야지. 언젠가 다시 돌아와 볼 수 있기를 염원해 본다.

호구산 입구에는 '오중제일산吳中第一山'이라는 현판이 걸려 있었다. 36미터밖에 되지 않는 동산도 산이라고 했으니 얼마나 넓은 평원인가 짐작이 간다. 호구산이란 오나라 왕의 무덤을 호랑이가 지켜주었다고 하여 붙여진 곳이라고 한다.

'지성이면 감천이다.'란 말이 생긴 우물. 명칼을 시험했다는 '시검

석', 절개를 지킨 기생의 야사가 살아있는 '고진양'의 사당, '신선놀음에 도끼 자루 썩는 줄 모른다.'는 '2선정', 절강성의 미인인 '서씨의 우물'. 그곳에 얼굴을 비춰보면 나 또한 서씨처럼 아름답게 보일 것만 같았는데, 지금은 얼굴이 비춰지지않을 정도로 오염된 물, 어쩌면 그녀만의 모습을 간직하고픈 우물의 염원일지도 모르겠다.

스치는 바람소리가 그녀의 웃음소리마냥 들리는 것은 지나친 나의 착각일까.

오나라 장수 합려의 무덤은 칼 삼 천 자루와 함께 묻었다고 한다.

후에 도굴꾼에 의해 파헤쳐질 위기에 놓였을 때 그 자리에서 물이 솟구쳐 무덤을 보호했다고 하는 '검지劍池'는 오늘도 역사 속의 비밀을 간직한 채 물속에 잠겨 있었다. 동산에 오르니 옛 운암사 절터는 흔적도 없고 7층 8각으로 된 '운암탑'만이 천년의 역사를 말해주고 있었다. 갖은 풍상과 화재로 그을은 그 모습 속에서 역사의 흥망성쇠가 녹아 흐르는 것만 같았다. 3월의 차가운 바람이 아니 대륙의 매서운 바람이 옷 속을 파고들어 이방인을 자꾸만 쫓아내려 한다.

호구산을 내려와 중국 4대 정원의 하나인 '졸정원'으로 갔다. 벼슬아치인 '왕헌신'이 그 뜻을 펴지 못한 채 돌아와 이곳에다 자신의 왕국을 건설했을 것이다. 졸장부로서 누릴 수 있는 명예의 왕국으로 많은 처첩을 두고 누각마다 드나들었을 '왕헌신'은 여인들의 원한 때문이었을까. 젊은 나이에 그 수를 다했다고 한다. 그 아들 또한 어리석어 많은 재산을 물려받았지만 하루 저녁 놀음으로 기생에게 이

저택이 넘어갔다고 하니 인간의 끝없는 욕망과 치부, 허무를 동시에 느끼게 하는 '졸정원'. 500년의 세월은 모든 것을 간직한 채 오늘 이곳을 찾는 이들의 눈에 아름답게 다가왔다. 옛날의 크기보다 축소되었다고 하니 중국이란 거대한 땅덩이가 얼마나 부러운지. 지금은 중국의 땅이 되어버린 고구려의 옛 땅.

빗소리를 들으며 발걸음을 멈춘다 하여 '유천가'라고 했다던가. 누각에 앉아 호수에 떨어지는 빗소리를 들으며 그리움을 달랬을 여인네들. 비가 내리는 날이면 여인네들의 한숨 소리가 들리는 듯하리라.

본채와 누각을 잇는 지붕을 용의 모습으로 만들었다고 하니 과연 인간의 끝없는 욕망과 오만이 끝이 없음을 새삼 느끼게 한다.

정원을 돌아나오면서 졸장부인 왕헌신이 부러워지는 것을 보니 인간이 얼마나 어리석은 존재인가를 깨닫게 한다. 매화 향기 날리는 졸정원, 이곳에다 나의 시심을 남겨두고 가리.

비단 공장을 거쳐 다시금 상해로 되돌아가 이번 여행의 마지막 밤을 보내기로 했다. 안내원의 말에 의하면 상해의 야경을 보지 않으면 상해를 다 보았다고 할 수 없다고 한다. 어둠이 내린 상해는 낮의 모습보다 화려했다. 황포강 유람선 위에서 바라보는 상해의 밤. 밤이 주는 낭만과 타국이 주는 경이로움으로 더욱 환상일 수밖에. 강 양편으로 과거와 현재가 공존하며 황포강 붉은 물을 이루고 있었다.

그것은 격동의 역사 속에서 도도히 흐르는 황포강 물줄기처럼 중국인의 저력이 느껴지는 것이다. 이 강을 따라 흐르면 우리나라 서해안으로 간다고 한다.

황포강에 돛단배를 띄우고 어디론가 떠나고 싶다. 이국의 밤은 나그네의 마음을 더욱 고독에 젖게 한다. 강물에 비치는 불빛은 상상의 나래를 펴게 한다.

집으로 돌아가면 언제 또 다시 이곳에 돌아올지 모르지만, 내 가슴속에 영원히 이 밤을 간직한 채 살아가리라. 살아간다는 것은 행복한 일이다. 신은 내게 새로운 눈으로 세상을 바라볼 수 있게끔 해주셨다. 나의 몸이 건강했을 때는 당연히 누렸던 모든 것이 지금은 감사의 마음으로 다가오니, 오늘 이 자리를 만들어준 모든 것에 행복과 감사를 드린다. 언젠가 돌아갈 그 먼 곳에도.

황포강 뱃길처럼 아름다운 꿈을 간직한 채 여행을 떠날 준비를 하리라.

# 오늘도 강물은 흐르는데

섬진강을 끼고 달리는 차 속에서 바라본 오월의 지리산은 싱싱한 미소년의 모습이었다. 길고 긴 피아골의 물줄기가 흘러와 큰물과 어울러 흘러가는 화개나루. 화개장터는 모 가수의 노래로 더욱 유명해진 곳이다. 화개장터의 엿장수는 여장을 하여 춤을 추며 관광객들을 불러 모으고 있었다. 나는 차나무를 한 그루 샀다. 산등성이 곳곳에 차나무가 있어 야생차의 고장임을 알 수 있었다.

화개 장터에서 오른쪽으로 올라가면 쌍계사가 자리하고 있다. 쌍계사를 오르는 길 양쪽에는 벚꽃 터널이 형성되어 있어 봄이면 관광객들로 몸살을 앓는 곳이지만 꽃이 져버린 쌍계사는 고즈넉하기만하다. 쌍계사란 두 갈래 계곡이 만난다고 하여 이름 붙여진 곳이라고 한다. 입구에는 큰 바위에 "쌍계"라고 새겨져 있었다. 유명한 최치원이 지팡이로 새겼다고 한다.

또한 대웅전 앞뜰에 진감선사 혜소의 큰 도덕과 법력을 비문으로 새겨 세워놓았으니 대단한 학자임을 실감케 한다. 쌍계사는 불교 음악인 범패가 비롯된 곳이며 '팔영루'는 수많은 범패 명인을 배출한 음악 교류의 장이다. 대웅전의 아름다운 모습은 보수 중이라 볼 수가 없었다.

쌍계사 안에 불교 박물관이 있어, 영산회상도 같은 탱화와 사리함을 모셔왔던 조그마한 가마도 있었다. 그런 물건들은 시간과 공간을 뛰어넘어 선사들의 모습이 보이는 듯하였다.

쌍계사를 뒤로하고 섬진강 줄기 따라 달리며 긴 생각에 잠겼다. 이 물길을 따라 흘러가면 고향 어귀에 다다를 수 있을까. 강물은 넓어져 바다처럼 흐르고 지리산도 강가의 집들도 물속으로 잠겨 간다. 저만큼 들녘에는 자운영꽃들이 오월의 훈풍에 몸들을 부대끼며 떠나는 강물을 배웅하고 있었다. 우리의 삶도 저렇듯 흘러가고 있음이야, 이 순간 만나는 바람과 구름 한 점 어디에서 만나리. 저물 무렵 섬진강가에 드리우는 강렬한 석양이 아름답다고 한다.

하루 일을 마치고 강물에 몸을 맡기고 쉬고 있는 배 한 척, 멀리 보이는 지리산자락, 강가에 자라난 갈대, 강물에 비친 산그림자까지 모두가 한 폭의 동양화 같으리라. 해 지는 섬진강가에 서면 절로 내 마음도 강물 같으리.

강물이 저렇듯 반짝이는 것은 떠나간 은어가 돌아올 수 있기 때문이리라. 은어처럼 나 또한 세월을 거슬러 오르고 싶어지는 것은 고향이 저만큼 가까이 있기 때문인가. 마음은 저 먼저 고향으로 가고 있다.

# 소전리 가는 길

가로수 잎이 엷게 물들어가는 계절. 가슴속엔 바람이 가득. 마음이 먼저 길을 떠난다. 떠난다는 것은 언제나 사람을 흥분시킨다. 비록 수업의 연장이긴 하지만, 답답한 도회를 떠나 자연 속으로 갈 수 있다는 것만으로도 즐거운 시간이니까.

대청댐을 옆에 끼고 달리는 길가엔 수몰지구가 있다. 물속에 옛 꿈을 잠재우고 있는 마을을 지나면 그들의 목소리가 바람결에 들리는듯하다.

물이 많이 빠졌을 때는 동네 어귀며 어느 집 돌담도 드러나는 그곳. 지금은 떠나버린 마을 사람들. 강가에서 고기를 잡는 어부. 지게 위에 나락을 싣고 오는 농부. 학교에서 돌아오는 학생들의 모습이 거기 있었다. 그들은 지금 고향을 떠나 어떤 모습으로 살아가고 있을까.

하늘인지 강물인지 분간할 수 없는 청잣빛 가을. 어디로 가는지 알 수 없는 마음이 계절 따라 흐르고 있었다.

얼마큼 달려갔을까. 더 이상 갈 수 없도록 대청댐 물이 막아서고 있었다. 바로 소전리 벌낫 마을이었다. 조금은 생소한 모습으로 한지 공예관이 우리를 맞이했다. 마을 중앙에는 아담한 연못과 정자를 만들어 나그네들이 쉴 수 있도록 꾸며 놓았다. 정자에 앉아 하늘을 보니 온통 가을이 가슴속으로 내려오고 있었다. 그곳에는 이종국 화가가 터를 잡고 살고 있었다. 그는 직접 한지의 생산 과정과, 생산된 한지로 공예품을 만들 수 있는 체험관을 운영하고 있었다. 그로 인해 여름에는 체험단들이 산골을 시끌벅적하게 하며 부자마을로 만들어 가고 있었다. 그러나 여름방학과 함께 체험단들이 떠난 마을은 자연만이 그 적막함을 대신하고 있었다.

닥나무 질감이 그대로 묻어있는 누렇게 만들어진 한지를 몇 장 샀다. 옛 추억과 함께. 사람들은 때때로 자연 속에서 살아가기를 희망한다. 속세의 번잡함을 벗어나고픈 마음을 갖고 살아간다. 그러나 도회를 떠나지 못하는 것은 미련과 욕망 때문이 아닌지. 자연 속에 그들과 함께 인간 본연의 마음으로 살 수만 있다면 무엇이 걱정이랴. 몸과 마음이 청량해질 것이 아닌가. 가슴속에 바람이 인다. 그렇게 살아가라고.

우리 일행은 소전리를 떠나 다음 장소로 이동을 해야 했다. 돌아오는 길가엔 가을이 배웅을 하고 있었다. 반쯤 벌어진 밤송이. 갓 피어난 갈대의 반짝임. 훌라춤으로 우리를 반겨주던 코스모스 또한 이별이 아쉬운가 보다.

푸드득 어치가 날아가며 인사를 한다. 난 어쩜 그들이 그리워서 오늘밤 잠을 이룰 것 같지 않다. 더욱 깊어진 가을날, 나는 또 다시 이 소전리를 찾을지도 모르겠다.

# 병산 아래 낙동강은 흐르고

10월의 끝자락에 안동으로 문학답사를 떠났다. 여행이란 언제나 마음을 설레게 한다. 아직 가을걷이가 끝나지 않은 논에는 나락들이 길가 은행잎들과 어울려 온통 황금으로 빛나고 있었다.

사계절이 주는 감흥은 언제나 새롭게 다가온다. 지나가는 모든 자연 경관이 한 폭의 수채화에 비길까. 절로 감탄이 나오는 가을 여행길.

하회마을을 거쳐 고불고불 비포장도로를 달려간 곳. 깊은 산속 외딴 곳에 병산서원이 자리하고 있었다. 깔끔하게 정돈된 서원 앞에 서니 4백 년의 세월이 어제인 듯 느껴진다. 서원의 입구인 솟을대문 앞에는 복례문復禮門이란 현판이 걸려있다. 이는 "세속된 몸을 극복하고 예를 다시 갖추라."라는 뜻을 지니고 있다고 한다. 흐트러진 매무새를 바르게 잡고 들어서니 커다란 누각이 머리 위에 있다. 누각 아래를 지나 통나무 계단을 통해 누각에 오르니 앞산이 눈앞에 있다. 병산서원은 성애 유성룡 선생의 학문과 업적을 기리는 곳으로 서원 내 건물로는 그의 위패를 모시는 존덕사, 강당인 입교당, 유물을 보관하는 정판각, 기숙사였던 동재와 서재, 신문, 전사청, 만대루, 고직서가 있다.

제일 먼저 대하는 거대한 누각인 만대루는 정면 7칸, 측면 2칸의 팔각지붕으로 유생들의 강당 역할을 했다고 한다. 만대루라는 명칭은 두보의 시에서 따온 말로서 앞산이 높아 아침 해를 느지막하게 대한다고 하여 명명했다고 하니 선비들의 재치와 여유를 엿보게 된다. 만대루에서 바라보는 앞산은 병풍을 펼쳐 놓은 것 같았다. 일곱 폭의 병풍, 그래서 그 산을 병산이라고 했던가. 병산 아래로는 낙동강물이 가을을 품은 채 흐르고, 강둑 위에는 세월을 말없이 지켜온 늙은 소나무가 바람에 흔들리고 있었다.

나는 만대루에 올라 해설가의 안내와 학우들의 시낭송을 들으며 아득한 역사 속으로 빠져드는 느낌이다. 서애 선생 또한 제자들과 이곳에 앉아 시와 학문을 논하셨을 것이다. 그들은 가고 없지만 역사 속에 남겨진 흔적은 후세에 남아 오늘 또 다시 우리 곁에 살아나고 있었다. 만대루 곳곳에서 유생들의 모습이 보이는 듯하다.

입교당은 서원의 중앙에 자리하고 있으며 사실상 학당인 것이다. 입교당은 가운데에 마루를 두고 동쪽 방은 명성재明誠齋로 서원의 원장실이며, 서쪽 방은 경의재敬義齋로 부원장실이며 교무실이 있다. 조그마한 시골 서당이지만 유생들을 위하여 책을 출판하고, 도서실을 만들어 학문에 전념할 수 있게 한 선조들의 학문에 대한 열의가 가슴에 와 닿는다.

입교당 중앙에 앉아 만대루 쪽을 바라보니 건축과 자연의 조화가 금상첨화라고 해야 하는가, 그 조화로움이 너무나 아름답다.

만대루 마루 면과 지붕 사이로는 낙동강물의 흐름이 바라보이고, 지붕 위로는 병산의 가을이, 마루 아래로는 대문간이 들어온다.

이는 외부에서는 폐쇄적이며 내부에서는 개방적인 서원 건축의 특징이라고 한다. 곧 우리 민족성의 특징과도 연관이 되지 않을까.

옛 서원에는 절대로 금하는 세 가지가 있었다고 한다. 그 첫째는 여자, 둘째는 술, 셋째는 사당패라고 했으니 그 시절 여인네는 서원을 넘겨볼 수 없었을 것이다. 오늘 금녀의 지역에 들어와 시를 읊조리고 있는 여인네들을 서애 선생은 과연 어떤 심경으로 바라보실까.

세월이 어쩔 수 없음을 이해하실까. 바람처럼 잠시 들렀다 가는 공간 속에서, 한 가문의 서당이 이렇듯 후세에 잊힐 수 없는 것은 그 중심에 서애 선생 같은 분이 계셨기 때문이리라. 바람이 차가워진다. 가을해가 지려나 보다. 되짚어 나오는 산길은 유생들의 책 읽는 소리가 낙엽처럼 바람에 날린다. 병산에 달이 뜨면 낙동강 물길도 은빛 나래를 흔들며 흘러가리라. 만대루에 올라 깊어가는 가을밤을 지새고 싶어진다. 언젠가 한번쯤 다시 찾아오고 싶은 곳으로 가슴 깊이 남아 있을 것이다.

# 박물관 뜰을 거닐며

가을이 깊어 가는 계절에 고승 유묵전이 있어 박물관을 찾았다. 쌀쌀한 날씨 탓인지 아니면 늦은 오후 시간이어서 그런지 관람객은 남녀 한 쌍뿐이었다. 다정한 그들이 부러웠다. 혼자 온 자신이 초라하게 느껴진다. 그러나 보고 싶던 전시회라 달려 왔으니 그 생각은 잠깐이었다.

전시장을 돌면서 선인들의 필적이 남아 후세에 지표가 되어 주는 숨결을 느끼는 듯하다. 그분들의 그림자조차도 범할 수 없지만 오늘 이토록 필적을 대하니 알 수 없는 전율이 전하여 오는 듯하다. 벅찬 감동을 안고 뜰에 나서니 가을이 또 다른 모습으로 다가온다. 무심히 스쳐 가는 바람소리도 선인들의 음성인 양 느껴지며, 정원의 나무 한 그루 한 그루가 새롭게 보인다. 누구나 인생은 한 번뿐이지만 그가 떠난 뒤 남은 자들의 기억 속에 어떤 모습으로 남아 있느냐에 따라 잘살고 못산 것이 나누어지는 것 아닐까.

앞산의 소나무는 언제부터 이 터전을 지키며 서 있었을까? 이 땅을 묵묵히 지켜온 저 산의 나무와 꽃과 바위들. 그들은 어떤 얘기를 우리에게 들려주고 싶은 걸까.

세월의 저편으로 멀어진 선인들이 이 가을 다시 살아나 더불어 산책을 즐긴다. 그들의 인생과 풍류를 다 이해하지는 못하지만 그들 가까이 다가가고 싶다. 텅 빈 뜰에 가을바람이 불어와 낙엽만이 흩날린다. 억겁의 세월을 그대로 간직하고 있는 자연 속에서 인간만이 변화되어 가고 있는 것이 아닌가. 서산에 저녁놀이 물들어 가는 박물관 전경은 그분들의 발자취처럼 아름답게 비친다. 오늘 내가 걸어온 이 길은 어떤 모습으로 기억될 것인가. 아니 얼마만큼 기억이나 할 것인가.

인생은 공수래 공수거空手來 空手去라고 하던가? 앞서간 분들의 발자취를 따라 돌아보는 박물관에서 나 또한 살아온 날들과 살아갈 날들을 생각하게 한다. 쓸쓸한 가을 저녁 안개가 숲으로 내려앉는 시간. 어둠은 내려와 자꾸만 나의 갈 길을 재촉하는데, 나는 돌아서지 못한 채 박물관 뜰을 서성이고 있다. 박물관 뜰에 날리는 낙엽처럼.

# 추사 고택을 다녀와서

예산에 위치한 추사 고택은 팔봉산 줄기에 자리하고 있다. 영조대왕의 부마인 월성위 김한신 님을 할아버지로 둔 추사 선생이 이곳에서 태어났다고 한다.

고택으로 들어가기 전 왼편에는 추사 선생과 그 부인 묘가 합장되어 있었다. 나는 잘 정돈되어 있는 묘 앞에 나아가 선생께 고개숙여 예를 드렸다. 서예를 공부하는 나는 선생의 학문이 더욱 다가오기 때문이리라.

고택으로 들어서자 사랑채와 안채의 모든 기둥마다 추사체라 불리는 예서의 글씨가 붙어 있었다. 그것은 선생의 특이한 서체가 아름다운 시구절과 함께 나의 마음을 송두리째 앗아갔다.

사랑채는 추사 선생의 활동공간으로서 학문과 예술, 사회적 모든 활동이 전개된 곳으로서 선생이 앉아 글과 그림을 그리시던 모습이 보이는 듯하였다. 사랑채 댓돌 앞에 석년昔年(石年)이라 각인된 석주는 시간을 측정하는 해시계로 추사 선생이 제작하였다고 한다.

인간이 한세상 태어나서 이렇듯 업적을 남기고 간다는 것은 자신을 위해서 뿐만이 아니라 우리 후손을 위해서도 얼마나 다행한 일인가. 세월의 벽을 넘어 그 시대를 넘겨 볼 수 있다는 것이 참으로 복된 일인 것 같다.

오늘 난 추사 선생의 〈세한도〉 앞에 서서 유배생활의 쓸쓸함과 세상의 인심을 느끼게 한다. 〈세한도〉는 추사 선생이 제주도에 유배온 후 제자인 우선 이상적에게 그려준 명작으로 국보 180호로 지정되었다.

이상적은 스승이 귀양살이하는 동안에 정성을 다해 청나라 연경에서 구해온 책들을 보내드렸는데 그 고마움에 대한 마음의 표시로 그려준 것이라고 한다. 〈세한도歲寒圖〉의 화제 속에는 추사 선생이 제자에게 보내는 마음이 고스란히 나타나 있다. 해석을 해 보면 "그대가 천 리 밖에서 구한 귀중한 책을 보내어 주었구나. 태사공도 말했듯이 세상 사람들이 온통 권세와 이익만을 좇아 움직이는데, 그대는 이 바다 밖에 와 있는 초췌하고 메마른 사람을 마치 권세와 이익이 있는 사람처럼 대하누나. 공자님도 말씀하시기를 추운 겨울이 된 연후에 소나무와 잣나무가 늦게 시드는 것을 알리라 하셨으니, 송백처럼 한결같은 그대의 마음이 어찌 성인의 칭찬을 받아 마땅하지 않으리요. 또한 세상인심의 박절함이 어찌 슬프지 않으리요. 완당 노인이 쓰다."라고 적혀있어 선생의 심경이 고스란히 내 가슴으로 전해져왔다.

당대의 대학자가 살고 간 고택에 서서 선인이 남기고 간 자취를 돌아보니 삶과 죽음은 하나란 말이 떠오른다.

죽음은 결코 슬프거나 끝이 아님을 더욱 깨닫게 된다. 자신의 삶을 어떻게 살아가느냐에 있는 것임을.

아름다운 추사체로 쓴 시를 읽다 보니 선생의 온화한 모습이 등 뒤에서 나를 지켜보는 것만 같아 자꾸만 뒤돌아보게 한다. 고택을 거닐며 흘러가는 구름과 바람소리에 시와 학문을 하셨을 임의 모습이 자꾸만 그리워진다.

이미 시간과 공간을 공유하지는 못하지만 옛 선인들의 작품 속에서 또한 그들이 살고 간 흔적을 보면서 그들의 고뇌와 슬픔과 꿈을 엿보는 듯하다. 나 또한 그 일부분을 공부하면서 그 삶을 닮아 가려 애를 쓰고 있다.

그의 선조의 묘 앞에 선생이 할아버지를 따라 청에서 가져와 심었다는 백송白松이 서 있어 역사 속에 살아 계셨던 선생의 실존을 느끼게끔 한다.

소나무에 바람이 인다. 선생의 숨결처럼.

# 메밀꽃 피는 마을

긴소매 옷이 무거워 보이지 않는 9월. 잔뜩 찌푸린 하늘을 이고 우리 일행은 봉평을 향해 출발하였다. 학교에서 매일 만나는 학우들이지만 버스에서 새삼 반가운 인사로 여행의 참 맛을 느꼈다.

버스가 숨가쁘게 달려가 봉평 장터 옆 개울가에 도착한 것은 청주를 떠나 세 시간이 지난 후였다. 봉평은 메밀꽃과 함께 이효석 작가가 살아 있었다. 봉평장은 시대를 뛰어넘어 여전히 그곳에 자리하고 있었다. 옛 모습은 알 수 없어도 오늘도 작품 속의 주인공들이 살아 봉평을 떠들썩하게 하고 있었다.

시장 저쯤 허 생원이 동이를 나무라는 그 주막집과 시장 한 귀퉁이에 나귀를 에워싼 아이들도 보이는 듯하다. 봉평장이 파하고 허 생원과 동이가 물을 건너던 냇물이 이곳이었을까? 길을 거닐며 작품 속의 주인공을 만나고 있는 자신을 발견하게 된다.

지금은 다리가 놓여 차들이 씽씽 달리고 있는데 다리 아래 흐르는 물속에 허 생원과 동이를 찾고 있다. 동이의 등에 업힌 늙고 초라한 허 생원의 젖은 잠뱅이가 동이의 허리께에 늘어져 있다. 다리를 건너니 메밀밭이 여기저기 펼쳐져 있었다. 식당마다 물레방아가 돌아가고 현대의 성 처녀들이 사진 찍기에 바쁘다. 작품 속의 물방앗간을 재현해 놓은 곳에 서서 성 처녀와 허 생원의 꿈같은 하룻밤의 장면을 그려 보며 기념사진을 찍었다.

9월의 봉평은 작가가 살았던 그때처럼 메밀꽃이 흐드러지게 피어 있었다. 수많은 인파 속에 정취는 잃어 버렸지만 오늘 그가 살아 있어 봉평의 경제를 살리고 있었다. 그의 작품으로 고향 사람들에게 위대한 유산을 남겨줄 수 있는 진정한 봉평인이 되어 있었다. 우리는 고픈 배를 거리의 주막집이 아닌 식당에서 비빔밥과 메밀로 빚은 막걸리를 곁들여 해결을 하였다. 나는 학우들과 작품 속의 인물들을 불러내어 함께 메밀꽃밭을 거닐었다. 때때로 추억을 위해 사진 촬영도 하면서.

이효석 문학관에서 그와 더불어 유명한 작가들을 만날 수 있었다. 먼 훗날 나 또한 그들 대열에 낄 수 있는 꿈을 꾸어 본다. 작가의 생가는 이미 옛 모습이 변하였지만 탄생지를 보고 싶은 이들이 오늘도 줄을 잇고 있었다. 과연 작가는 오늘의 그의 모습을 상상이나 했을까.

문학을 공부하는 한 사람으로서 그가 자꾸만 부러워진다.

여기저기 돌아보는 동안 빗방울이 떨어지고 있었다. 허 생원 일행이 봉평장이 폐장되어 다음날 장이 서는 대화장을 향해 떠났듯이 우리도 서둘러 청주를 향해 떠났다. 저물어 가는 봉평. 회색빛 하늘 아래 피어 있는 메밀꽃은 기대만큼 나의 가슴을 흥분시키지는 못하였지만 오랜만에 고향에 온 것만 같았다.

나의 고향은 남쪽이다. 그곳에서는 큰 행사 때엔 꼭 메밀묵을 쑨다. 중부지방의 도토리묵처럼. 그래서 해마다 우리 밭에는 메밀꽃이 피어 있었다. 그때 보았던 메밀꽃. 바람이 불면 출렁이던 은빛 물결. 푸르른 달빛이 흐르면 늦가을 아침에 피는 서리꽃처럼, 눈 내린 새벽의 그 적막한 풍경으로 피어났던 메밀꽃. 나는 그런 메밀꽃의 추억을 간직하고 있었다. 때때로 그 모습이 왜 그토록 쓸쓸하고 서럽던지. 그런 가슴을 견디지 못하여 문학을 택했는지도 모른다. 메밀꽃처럼 해마다 살아나는 작가의 고향에서 잃어버린 꿈을 다시금 생각해본다.

작품 속에서 걸어 나와 하루를 더불어 거닐던 이효석 님을 두고 돌아오는 길엔 가을을 재촉하는 비가 내렸다. 이 빗속에 메밀꽃도 흠뻑 젖어 가고 있겠지.

허 생원과 동이도 오늘 밤 비에 젖고 있을까.

# 태초의 시간 속으로

유월의 녹음을 안고 달려간 삼척 대이리 환선굴은 땀에 젖은 우리 일행을 바람이 먼저 시원하게 맞이했다. 안으로 들어가니 태초의 시간 속으로 온 듯, 입구부터 여느 동굴하고는 전혀 달랐다. 마치 또 다른 세상을 향해 들어가는 느낌이었다.

몇 억겁의 시간을 지나와 내가 여기 서 있는 것일까. 나의 내부에서 일어나는 존재의 의미를 생각해 보게 된다.

이 동굴이 생성된 지가 5억 3천만 년의 세월이 흘렀으리라 추정하니 자연 앞에서 인간은 얼마나 미미한 존재인가 새삼스러워진다. 환선굴은 우리나라 최대 규모의 석회동굴이라고 한다. 굴 안에는 또 다른 세상을 펼치고 있었다. 크고 작은 폭포가 흘러 동굴수를 이루며 흘러가고 있었다. 천장과 벽면에는 종유석과 휴석들이 조화를 이루며 화려한 장관을 이루고 있었다. 그곳은 어릴 적 고향의 전경 같은 아니 이 세상이 아닌 사후의 세계가 아닐는지. 온갖 만물상과 조화를 부리는 용의 모습과 성모상과 관음상이 공존하며 중앙의 옥좌대, 만리장성, 천장에 매달려 있는 도깨비 방망이, 그 방망이를 두드리면 금방이라도 금은보화가 쏟아질 것만 같은 생각이 드는 것은, 아직 속세의 사고에 젖어있기 때문이리라.

이 순간만이라도 신선이고 싶어지는 것은 환선굴의 유래 때문이기도 하다. 선녀가 환생하여 이곳에 내려왔었다는 전설과 한 스님이 도를 닦기 위해 동굴 안으로 들어갔으나 되돌아나오는 것을 본 사람이 없어 스님 또한 환선하였다고 한다. 스님이 짚고 왔던 지팡이는 산신당 앞에 꽂아 두었다고 한다. 그 지팡이가 산신당 앞 엄나무라고 하니 지나오면서 커다란 엄나무를 보면서 감탄했던 생각이 난다.

굴 안에는 스님이 기거했다는 온돌 터와 아궁이가 남아 있어 전설이 현실처럼 느껴졌다. 이렇듯 동굴을 발견하고 그 신비를 더욱 믿을 수 있게끔 전설과 얘기를 찾아내고 적재적소의 명칭들을 달아주는 보이지 않는 많은 학자들께 감사하는 마음이다.

환생굴을 돌아보며 내가 몸담아 살고 있는 세상 밖으로 나가고 싶은 생각이 사라져 가고 있음은 나의 삶이 힘에 겨운 탓일까. 이곳에 살면 어떤 욕심도 없으리. 그냥 신이 내려준 원초만이 남아 있겠지. 일행들과 더불어 이곳에서 살지 않겠느냐며 한바탕 호기도 부려보았다.

내 기억 속 깊이 간직한 고향마을이 거기 있었다. 환상적인 불빛은 마치 현실이 아닌 사후의 세계에 온 듯한 착각을 갖게 하였다. 인간 태초의 고향 같은 곳. 냇가 자갈밭에는 할머니가 빨래를 하다 집으로 돌아오는 나를 보며 손짓을 하고 있다. 건너편 초가집 순이 엄마의 모습도 물장구치는 어린 동무들의 웃음소리가 물소리에 섞여 흘러가고 있었다.

논둑길을 따라 지게를 짊어진 구부정한 할아버지의 모습도, 뒷동산에서 소 몰고 오는 옆집 철이도 보인다. 할머니만큼 늙어버린 손녀는 할머니를 향해 자꾸만 달려가고 있었다. 가슴에 울컥 눈물이 고인다. 내 그리운 사람들이 모여 사는 것만 같은 환선굴에 나의 꿈도 살아 있었다.

내 그리운 사람들이 모여 또 다른 세상을 마련하고 나를 기다리고 있을 것만 같은 생각이 드는 것은 자연이 주는 충격 때문이리라. 굴을 나서는 순간 벗어 두고 간 현실의 시간들이 유월의 훈풍으로 달려와 안긴다. 굴속에서의 짧은 몽상의 시간들이 아득한 것이 나 또한 환선을 꿈꾸었나 보다.

# 간월암에서

바다 위에 배인 듯 섬인 듯 떠 있는 간월암. 밀물과 썰물이 교차하는 시간이 되어야만 열리는 바닷길. 은하수에 다리를 놓아 줄 까마귀마저도 날아가 버린 기슭에 서서 직녀가 되어 그리움으로 너를 바라본다.

나는 조약돌을 던지듯이 출렁이는 물결 위에 생각을 떨어뜨렸다. 간월암 가는 길은 가깝고도 먼 길이 아닌가! 잿빛 하늘 아래 바다는 맞닿아 있고 간월암은 손짓하듯 나를 부른다.

용왕이 안타까운 이 마음을 알았음인가. 아무도 모르게 살며시 바닷길이 열렸다. 저 이집트를 탈출하는 이스라엘 백성들처럼 우린 그 길을 걸어 암자에 올랐다.

간월암은 삼국시대에는 피안도 피안사로 창건하였으며 원효대사가 수행한 곳이라 한다. 물에 잠겨있을 때는 피안의 세계처럼 고요해서였을까. 물 위에 떠있는 연꽃 같다 하여 연화대라고 불린다 한다. 옛 선인들은 물속의 바위섬에다 암자를 지을 생각을 했다니 참으로 대단한 일이 아닌가. 현대인들은 재산의 가치를 따지지만 선인들은 도를 먼저 생각하는 마음에서였을까? 요새처럼 둘러친 담장 위에 서서 바다를 가슴으로 맞이했다. 왕자를 찾아 뭍으로 오른 인어는 사랑을 잃고 바닷가의 물거품이 되었듯 내 마음도 저 파도 속에 녹아 있는 것이 아닌가.

벗이여, 그대와 나란히 이곳에 서 있었을 때가 생각난다오. 그대는 지금 어디에 있는가? 우리의 소중한 인연은 오늘도 바람처럼 내 안을 스치고 간다오. 간월암에 내 그리움 또한 곳곳에 추억으로 남아 오늘 함께하고 있다.

추억은 언제나 아름다운 것. 세월이 지나가면 갈수록 더욱 아름답게 색칠되어지는 것이 아닌가. 늙어간다는 것은 자연을 닮아 가는 것이 아닌지. 그대를 다시 만난다면 우린 서로 마주보는 나무로 서 있을 수 있을 텐데. 그리움의 바람이 불어온다. 저 푸른 해원을 넘어오는 바람을 가슴으로 맞이한다. 내 안에 쌓이고 쌓인 생각들을 날려 보내려는 듯이.

달 뜨는 간월암, 그 밤 무학대사는 깨달음을 얻었다고 하는데 난 무엇을 얻기 위해 젊은 날을 헤맸던가. 사랑 부귀 명예, 욕망을 향해 달려온 나날들. 부질없는 삶의 실체를 알면서도 오늘도 나는 기막히게 화려한 사랑을 꿈꾼다.

전설만 살아 숨쉬는 이곳에 서서 추억 속에 그대를 생각해본다. 파도소리가 그대 나를 부르는 듯하구나. 벗이여 언제쯤이면 우리 다시 만나 푸르렀던 우리의 꿈을 얘기할 수 있을까.

오늘밤도 도량마다 무학대사의 후예들은 깨달음을 얻기 위해 밤을 밝히고 있으리. 간월도 갯벌을 걸으며 삶과 문학을 생각해본다. 파도에 부대끼며 살아온 날들.

이 늦은 나이에 문학은 나의 마지막 희망임을 이제야 알게 되다니. 나의 인생도 출렁이는 파도 위에 서 있어도 간월암에서 바라보는 낙조처럼 아름다운 모습으로 늙어가리라. 달 뜨는 모습을 보지 못한 채 돌아서는 발걸음이 자꾸만 느려지는 것은 피안의 세계를 그리워함인가. 오늘밤도 누군가 달을 보며 큰 깨우침을 얻길 바라본다.

제5부

# 내 마음의 오동나무

저 산골 깊은 곳에 젊고 향기로운 아낙이 그 지아비와 함께 착하게 살았다고,
아니 민들레 홀씨처럼 하얗게 늙어가던 할아버지 할머니가
살았었다고 전해질 수 있는 그런 삶을 살고 싶다.

# 추억 속으로

장마의 틈새를 이용하여 밀린 빨래를 하기로 했다. 요즈음은 세탁기가 대신하기에 굳이 날씨를 따질 건 아니지만 마당 한 귀퉁이 수돗가에 큰 함지박을 놓고 손빨래를 시작했다. 참으로 얼마만인가. 철철 넘쳐흐르는 물과 함께 마음속 욕심의 찌꺼기까지 열심히 씻어내면서. 마당을 가로질러 줄을 매고 그 위에 물이 뚝뚝 떨어지는 빨래를 널었다. 이제는 남편과 둘만의 옷이 남아 과거로 향한 손짓을 한다. 비 갠 하늘이 유난히 맑아 눈이 부시다. 돌아갈 수 없는 그리움. 그때는 그저 평범한 일들이 돌이켜 보면 아름다운 추억으로 가슴이 찡하다.

우리들의 옷 사이에 알록달록 아이들의 옷이 차지했던 시간들. "이건 엄마 것, 아빠 것, 이건 내 것." 너울거리는 빨래 사이를 뛰어다니며 쫑알거리던 그 애들의 목소리가 들리는 듯하다. 깨끗이 세탁

된 옷엔 아이들의 손자국으로 그림이 그려져 가고 난 몇 번이고 빨아야 하는 번거로움으로 소리소리 지르며 한바탕 전쟁을 치러야 했던 일. 빨래가 끝난 함지박은 그들의 차지가 되어 무더운 여름날이 가곤 했었지.

지금은 아기 엄마가 되고 한 집안의 가장이 되어 내 곁을 떠났는데도 아직 내 마음만이 주렁주렁 매달려 그들을 놓지 못하고 있는 이 집착의 끈. 알맹이가 쏙 빠져나가 빈껍데기만 남아 축 늘어진 저 빨래들의 모양이 나의 모습인 것만 같다.

여름날의 뭉게구름은 놓쳐 버린 젊은 날의 꿈과 되돌아갈 수 없는 안타까운 시간 속으로 나를 인도한다. 그곳에는 내 유년의 추억과 함께 정다운 얼굴들이 모여 반갑게 나를 맞는다. 여름날 저녁 평상가에 모깃불이 타고 찐 감자며 옥수수를 먹으며 별을 헤던 일. 그때 보았던 산골 하늘은 별들의 축제였었다. 나는 할머니 무릎에 누워 밤이 깊도록 옛날얘기를 들으며 꿈을 키웠다. 사람은 누구나 자신의 별을 가지고 태어나 이 세상을 떠날 때엔 별똥별이 되어 하늘에서 사라진다고 했다. 나는 밤마다 내 별을 찾아 은하의 강에서 노닐었다.

어두운 하늘에 선 별똥별이 흐르고 또 누군가가 이승을 떠나 저승으로 가는 슬픈 생각으로 가슴이 아려오던 밤, 나는 유성을 따라 하늘을 나는 꿈을 꾸며 잠이 들곤 했다.

때론 밤이 이슥해지면 동네 아낙네들은 아이들에게 망을 보게 하고 시냇물에 멱을 감기도 했었지. 여름밤의 살랑대는 미풍, 살갗에 부딪치는 물소리, 낭랑한 여인네들의 웃음소리가 하나 되어 어둠에 묻혀 잠들었던 나무들도 깨어나 함께 춤을 추던 밤.

자연과 하나 되어 살아간 고향의 사람들. 그 시간 속에 어린 내가 있다. 아직도 그곳에는 내 보랏빛 꿈이 살아 흐르고 있는 것일까. 나는 내 아이들에게 어떤 추억을 갖게 해 주었는지. 먼 훗날 그들이 나만큼의 세월이 흐른 후에 되돌아볼 수 있는 시간. 그 시간 속에서 난 어떤 부모로 그들의 가슴속에 남아 있을까. 젊은 날에는 꿈을 꾸며 살고 세월이 지나면 추억으로 살아 가는가 보다. 그것이 비단 나만의 생각일지라도 추억은 늘 아름답게 다가와 오늘의 고달픔을 잊게해 주는 것인지도 모르겠다.

현대화된다는 것은 참으로 좋은 일이지만 정신적 결핍을 초래하는 것 같다. 하나를 얻으면 더 얻고 싶은 끝 없는 욕망. 발전이라는 인간의 욕구가 지난날보다 안락한 삶의 형태를 누리게 하지만 가슴속은 늘 빈자의 마음이다. 이제는 내 빨랫줄에 아이들의 옷가지가 널리지 않을 만큼 지나가 버린 시간들.

과거를 그리워한다는 것은 젊음을 잃어가는 것이리라. 참새 떼처럼 푸드득 떠나버린 내 자식들을 그리며 숭숭 뚫려 버린 빈 가슴의 허전함을 그들은 짐작이나 할까. 삶이란 늘 시행착오를 겪으면서 지나온 날들. 그런 날들을 저 빨래처럼 흐르는 물에 깨끗하게 씻을 수만 있다면. 여름날의 소낙비처럼 쏟아져내리는 그리움.

그 추억 속으로 오늘도 나는 여행을 한다.

# 당호堂號를 받고

엊그제 내린 눈이 음지엔 아직 남아 있는데 이른 봄 햇살이 조그마한 나의 정원에 가득 쏟아져 내리고 있었다. 은빛 물결처럼 빛나는 햇살이 눈이 부시다.

긴 겨울을 지낸 정원은 어수선하기 그지없다. 생각난 김에 갈퀴를 가지고 낙엽을 긁기 시작했다. 지난가을 나의 게으름 탓이다. 바스락거리며 모아지는 겨울의 잔해들이 자꾸만 나를 붙들고 얘기를 하자고 한다.

이불을 걷듯 걷어낸 낙엽 밑에는 어느덧 봄이 움트고 있었다. 제일 먼저 상사화 꽃잎이 손가락 마디만큼 올라와 첫인사를 나눈다. 겨우내 닫아걸었던 마음의 문이 열리며 잊었던 벗을 만난 듯 가슴이 뛴다.

이 봄을 맞아 나의 대화 상대는 정원의 풀과 나무들이다. 제일 먼저 매화와 산수유가 꽃잎을 터트릴 것이다. 뒤이어 개나리, 진달래, 목련이 시간을 두고 차례로 피어 자그마한 정원은 꽃동산이 될 것이다. 저만큼에서 동백이 꽃봉오리를 간직한 채 자꾸만 손짓을 한다. 여기저기서 소곤소곤 그들의 대화가 들려온다.

스승은 내게 대화하기를 즐겨하니 담서헌談笑軒이 좋겠다며 지어 주신 당호를 전각을 하여 대문에 걸어야겠다. 내게 입을 닫고 귀를 열고 모든 이들의 소리를 들어 깊이 생각하며 정진하라는 스승의 큰 뜻이 아니었을까.

말이란 적으면 적을수록 좋다고 한다. 말이 많으면 오해의 근원이 되기도 하기 때문이 아닐까. 하나 즐거운 대화는 서로를 기분 좋게 하며 더욱 친근감을 주기도 한다. 작가가 말이 많으면 쓸 글이 없어지나 보다. 생각은 깊게 말은 적게 하라고 했는데 범인인 자신은 대화하기를 즐겨하니 문학작품이 좋을 리 없다.

여자 셋만 모여도 접시가 깨진다고 했다. 마음 맞는 사람 둘만 만나도 왜 그리 할 말이 많은지 예부터 여자는 수염이 안 나는 이유로 수다를 들었던가.

누에고치가 실을 뽑아내듯 술술 풀리는 언어. 일상에서 시시콜콜 끝없는 대화는 삶의 활력소이기도 하다. 때론 인간에 실망을 하면 자연과의 대화 또한 무궁무진하니 어쩔 수 없는 나는 수다쟁이임이 분명하다.

내가 떠들지 않아도 자연은 내게 많은 얘기를 하고 있다. 조금만 마음을 열고 있으면 굳이 말 상대를 찾아 나설 필요는 없는 것 같다. 나의 정원에 서면 그들은 기꺼이 대화의 상대가 되어 줄 테니. 누구든 가슴이 답답할 때면 조그마한 나의 정원에 서 보라. 잔디밭엔 보랏빛 제비꽃과 황금빛 민들레가 조잘거리며 그대를 환영할 것이다.

시시때때로 피어나는 꽃들의 웃음소리, 사철나무들 사이를 드나드는 바람과의 대화 숲을 찾아오는 참새와 멧새 이름 모를 새들의 즐거운 대화가 있는 이곳이 담소헌인 걸. 바람 속에 매화의 향기가 전해오는 듯 마음이 앞서가고 있다.

봄이 내 정원에 가득하면 벗들을 불러 매화 향기 가득한 차 한 잔을 나누며 즐거운 담소를 나누어 보리라.

# 봄눈 내리는 날

눈이 내린다. 미친 봄눈이 함박눈으로 온다. 고향 산천을 덮고 거짓 세상을 꼭꼭 숨기려는 듯 펄펄 내린다. 눈이 내리면 어째서 세상은 아름답고 그윽해질까. 이 아름다운 세상을 함께 바라볼 사람 하나 그리워진다.

그리운 이와 흰 눈 쌓인 정갈한 거리를 걸어가고 싶다. 세상을 천국보다 아름답게 꾸미시는 날. 목련가지 위에 쌓인 눈꽃이 목련보다 아름답게 피어나고 매화 가지엔 꽃으로 피어나는 봄날의 눈. 자연의 모습대로 눈에 덮여 그리움이 쌓여가고 난 홀로 취하고 감격하며 꿈의 세계로 떠나가고 있다.

살아가다 어느 한 가지 마음의 길목에서 짙은 감정의 사치를 누리고 싶을 때가 있기에, 이런 날이면 진한 커피를 마주하고 웃을 수 있고 바라볼 수 있는 친구인 듯 연인인 듯 연인 같은 친구가 곁에 있었으면 좋겠다.

경칩에 눈이 내린다. 100년 만에 내린 폭설이라고 한다. 나의 삶에도 폭설보다 더 지독한 병마가 내렸다. 다시 복구할 수 없는 재해 속에 서 있는 심정. 끝없는 눈밭 속에서 헤매는 심정이라고 해야 하나. 한 발자국 내디딜 때마다 잦아드는 시간의 초점을 느끼는 전율.

황홀한 지난날의 내 꿈에서 무엇을 얻었던가. 그토록 아름답게만 보이던 꿈의 자국. 꿈을 향해 흘리던 땀과 눈물. 무엇을 위하여 쏟아부었던가? 이 깊은 회한을 어디에다 부려 놓아야 한단 말인가.

눈이 그치면 봄은 아련한 아픔과 기대로 아지랑이 피어나듯 다가올 것이다. 오늘같이 함박눈이 내리는 계절의 어귀에 서면 삶의 고개 저편 나의 과거가 되어준 이들이 그립다. 예술도 사랑도 우정까지도 묵을수록 향기 높은 포도주와 같이.

아물아물 떠오르다가 사라져 가는 얼굴 얼굴들. 입안에서 흘러나올듯하다간 삼켜지고 마는 이름. 더러는 보고 싶고 가슴이 아려오는 얼굴. 그 많은 얼굴들이 조그마한 내 가슴 어디에 숨겨져 있었을까. 때론 새싹처럼 움터오고 눈물꽃 방울처럼 보이다가 숨어버리는 그 아련한 그리움들.

이별이 종교만큼 거룩한 것이라고 느껴지는 시간. 이별의 시간이 이토록 편안하고 다행스럽다니. 잃어버린 것을 잃어버린 다음 느껴지는 편안함과 아쉬움. 보낼 것을 보낸 다음 찾아오는 안도와 공허감. 진정 얻은 것도 없이 잃은 것만 많은 듯한 지난날. 뭐 그리 대단하게 살겠다고 그렇게 안달을 했는지. 버리고서야 진정 사랑했음을 뒤늦게 깨닫고 오래오래 못 잊어하는 모순의 삶.

내가 만든 과거가 곧 자신의 삶인 것을. 옛 친구와 혈연이 그리워지는 만큼 나도 나이가 들었나 보다. 마지막 가는 겨울을 못내 아쉬워함과 같이.

세상의 모든 추한 것들을 모두 감춰 버리려는 듯, 종일토록 세차게 눈은 내린다. 소리쳐 불러보지 못한 그리움의 목소리들만이 사무치는 눈발로 천지를 가득 메워 버리는 것인가. 그리움이 온통 꽃으로 피어나는 날, 저 눈길을 달려오는 그대를 꿈꾸며 가슴이 설레는 것은 아직도 나의 꿈이 남아있기 때문인가.

봄눈 내리는 날 창가에 서서 꿈을 꾼다. 내일이면 녹아 사라질 저 눈송이처럼. 삶이란 그런 줄 알면서.

# 내 마음의 오동나무

해 질 녘 내 좁은 뜰에 그늘이 내려앉는다. 바람이 찾아와 무더위에 지친 꽃과 나무들을 흔들어 깨우면 나는 차 한 잔을 들고 나와 나만의 시간을 만끽한다. 때론 술과 안주를 마련하여 갖은 폼을 잡으며 정취를 음미해 보기도 한다.

태양이 정원 나무 뒤로 숨어 버리고 나면 바람마저 숨을 고르는 시간, 햇살이 사그라진 하늘가에 석양의 적막함이 남아 있다. 누가 적막함을 고요하다 말할 수 있는가? 잔디밭을 뛰어 다니는 곤충들의 미세한 움직임까지도 감지할 수 있는 이런 시간. 아침의 희망찬 시간도 한낮의 그 치열한 삶의 순간 다 지나고, 나를 에워싸고 도는 적막함 속에서 자신과 마주 할 수 있다는 것이 얼다나 소중한 시간인지 모른다.

집 마당에다 잔디를 심어 정원이라 부르지만 잡풀이 더 많이 자라

야산이나 진배없는 좁디좁은 공간, 봄이면 제비꽃이 지천으로 피어 보랏빛으로 물들고 간간이 민들레며 알 수 없는 들꽃들이 꽃을 피우곤 한다. 때론 생각지도 않은 꽃과 풀들이 내 정원을 찾아와 함께 기거를 하기도 한다. 발끝으로 풀잎을 툭툭 건들며 걷던 내게 환상처럼 오동나무가 다가왔다. 그것은 한 뼘도 안 되는 작은 나무이지만 늘 가슴속에서만 자라온 나무였다. 그 곁에 앉으니 잊었던 벗을 만난 듯하다. 보고픈 나의 친구. 오동은 천 년 나이를 먹어도 가락을 잃지 않는다고 했던가. 그 음률을 따라 추억의 세계로 빠져들었다.

대학시절 절친한 친구가 있었다. 같이 시청각 공부를 하면서 알게 된 예대 방송학과에 다니던 목소리가 아름다운 학생이었다. 그녀의 영향으로 한때는 연극을 하기도 했었다. 그러나 완고한 부모님 때문에 잠깐의 외도로 끝나고 만 젊은 날의 일이지만 늘 가슴속에 아쉬움으로 남기도 한다.

가난한 그 시절, 우린 단짝이 되어 명동 거리를 쏘다녔다. 연극과 영화광인 우린 자유분방한 소녀였는데, 그런 문화생활을 즐긴 지가 언제였는지.

그 후 난 평범한 주부가 되고 그녀는 방송국 성우로 서로의 길을 달리했었다. 내가 서울에 살 때는 자주 만날 수가 있었지만 청주로 이사를 하면서 그런 기회가 자주 없었다. 어쩌다 친정 나들이 길에 그녀를 가끔 볼 수밖에.

어느 해 여름 흑석동 언덕 위에 있는 그녀의 집 대청마루에 나란히 누워 젊은 날의 꿈과 사랑, 현실이 주는 좌절과 갈등을 이야기하며 하루를 보냈다. 한여름날의 소낙비 쏟아지는 소리를 들으면서. 그때 오동나무 잎에 떨어지던 빗소리. 지금도 그날의 모습과 감성이 선연히 남아 그리움으로 가슴이 뛴다.

그 후 우린 어쩌다 다시 만날 수가 없었는지, 서로의 생활에 쫓기어 챙기지 못한 채 세월이 흘러가 버렸다. 추억이 그리운 나이가 되어서야 그녀를 찾으려고 방송국에 알아보니 뉴질랜드로 이민을 떠난 후였다. 그녀의 소식은 마침 그곳을 여행한 다른 친구로부터 바람결처럼 들려왔을 뿐이다. 혼자 이렇듯 조용한 시간이면 그녀가 몹시 보고파진다. 아직도 내 가슴속에 오동잎에 떨어지는 빗소리가 음악처럼 흐르고 있는데, 지금 그녀는 어떤 모습으로 살고 있을까?

그녀를 생각하면 대청마루에서 바라본 빗속의 오동나무가 떠오른다. 오동나무는 어디서나 거침없이 잘 자란다. 홀연히 씨앗이 날아와 내 뜰에 뿌리를 내리고 자라듯, 그녀 또한 먼 이국땅에서 오동나무처럼 풍류객의 기품을 지닌 채 삶에 충실하면서 멋쟁이의 웃음을 잃지 않고 살아가겠지. 내 뜰에다 한 그루 오동나무를 심어야겠다고 하면서도, 뜰이 비좁아 심지를 못하였지만 내 가슴 깊이 오동나무를 심어 놓았다. 그 나무는 자라 흘러간 세월만큼 무성한 잎을 드리우고 그 넓고도 시원한 가지 사이로 아름다운 추억이 봉황 되어 넘나들고 있다. 친구가 그리워 살며시 그 나무 아래 서면 어디선가 거문고가 연주되고 그 여름날 오동잎에 떨어지는 빗소리가 들리는 듯하다.

무심한 시간마저도 그 그늘 아래 쉬었다 가건만 친구여 우린 언제나 다시 만날 수 있을까.

이 여름이 지나면 우리의 인생처럼 오동나무 잎새에도 가을 물이 비치리. 지나온 날들을 되돌아보며 참회해야 할 일들이 생각 날 때면 오동나무 커다란 둥치를 그대인 듯 부여안고 울어나 볼까. 산다는 것은 그리움의 연속인 것을.

'오동 씨만 보아도 학춤이 절로 난다.'는 말처럼 그 나무 아래 서면 한 마리 학이 되고 봉황이 되어 그리움의 날개를 펴본다. 아무리 나이가 들어 늙어 간다 하더라도 내 가슴에 심어둔 오동은 늘 그 푸른 빛으로 서 있으리. 우리의 꿈과 가락을 지닌 채.

오동잎에 바람이 인다. 그대 아름답고 슬픈 목소리처럼. 이 작은 오동나무가 무성해지는 날 학처럼 봉황처럼 깃들려 하는가? 만남보다 빨리 오는 이별 앞에 그리움의 열매가 익어감은 우리의 기다림이 얼마나 가슴 아픈지. 내 안에 잎이 지기 전에 우리 다시 만나 그 여름날의 빗소리를 들을 수 있기를. 그날이 오면 가지에 매달려 떨꺽대는 오동 씨 같은 지난 이야기를 나누자꾸나. 비록 우리의 외모는 변하여 간다 해도 푸르른 오동나무 같았던 젊은 날의 꿈을.

# 산골 아낙으로 살고 싶어

내가 어렸을 적엔 도시를 동경하며 꿈을 꾸었다. 어쩌다 도시에서 산골로 찾아 드는 도시사람을 보면 그 세련됨에 촌아이들의 초라하고 보잘것없음을 부끄러워했었다. 그땐 세상을 알지 못하였기에 도시가 주는 또 다른 면을 볼 수 없었다.

내가 갈망하던 도시에서 오십여 년을 살았어도 내 마음은 뿌리내리지 못하는 부초처럼 흔들리고 있었다. 언제나 귀향을 꿈꾸는 연어처럼 고향을 더듬어 오르곤 한다. 다시 거슬러 올라가 저 깊은 산골에서 세상 물정 모르며 살아가고 싶다.

봄이 오면 향기로운 나물을 뜯고 들꽃 가득 피는 산천을 떠도는 야생마처럼 그런 아이로 처녀로 자라나 내가 사랑하고 나를 사랑하는 지아비를 만나 꿈처럼 살고 싶다. 봄날의 아지랑이처럼 여름밤의 별자리를 찾으며 이상을 저 하늘에다 두고 가 본 적 없는 세상과도 만나며 그렇게 늙어갔으면.

가을밤 밝은 달빛 아래 한 폭의 산골 풍경이 얼마나 기막힌 장관이랴. 겨울이면 마른 풀포기 그대로 흰 눈을 덮고 꽃이 된 모습에서 자신의 새하야니 늙어버린 모습이 보이리라. 우린 자연이 되어 사랑으로 살기에 후회 없으리.

춥고 추운 겨울밤 바람이 찾아와 소곤대는 소리. 잠이 안 와 도란거리는 소리. 시냇물의 신음 소리도 죄다 알아듣는 꽃대궁 한줄기가 되어서 어느 날 밤 문득 보이지 않는 별처럼 죽어가겠지. 크고 넓고 복잡스런 세상은 알지 못하였지만 산골에서 들꽃처럼 아름답게 살다가 자연으로 잦아지고 말겠지.

사람들은 애기하리라. 저 산골 깊은 곳에 젊고 향기로운 아낙이 그 지아비와 함께 착하게 살았다고, 아니 민들레 홀씨처럼 하얗게 늙어가던 할아버지 할머니가 살았었다고 전해질 수 있는 그런 삶을 살고 싶다.

몇 해 전 나는 도시를 벗어나 창문을 열면 앞산이 내 정원이 된 듯 다가와 있는 그런 곳으로 이사를 했다. 그렇다고 생활의 근거지가 바뀐 것은 아니지만 나는 얼마나 다행인지 모른다. 이렇게나마 자연을 가까이 대할 수 있다는 것에 매일매일 감사한다. 인간이 영원할 수 없기에 자연을 영원히 소유할 수는 없는 것이다.

그러나 인간은 누구나 자신의 땅을 원한다. 난 비록 한 평의 땅도 소유하지 못하고 살지만 보이는 모든 자연이 내 것인 양 느끼며 살아간다.

작지만 나무와 꽃들을 심을 수 있는 공간이 주어진 것만으로 다행이라 여기며.

이 작은 정원에 나와 서서 고향을 그리며 가만히 눈을 감으면 개울물 흐르는 소리, 새들의 지저귐. 풀벌레들의 움직임이 느껴진다. 바람은 나의 볼을 스치고 낙엽을 밟으며 다가오는 내 그리운 임의 발자국 소리가 들리는 듯하다. 삶이란 언제나 꿈을 꾸며 살아가는가 보다. 내일은 언제나 내일인 것을.

지칠 줄 모르는 나의 꿈은 오늘도 계속된다.

# 가을 서곡

대문을 들어서다가 붉게 물든 고추를 보며 가을을 생각했다. 내가 알지 못한 사이 여름은 서서히 물러서고 가을이 내 작은 텃밭 고춧대에 내려와 있었다.

이렇게 가을이 오면 마음은 돛을 달고 추억의 강물을 거슬러 흐른다. 가는 길목마다 잃어버린 꿈들이 스쳐 지나간다. 방울지는 여울마다 놀처럼 번지는 정 그리워 뛰어들고픈 마음 가득하다.

세월처럼 바람 흘러가고 자운영 진 강가에 갈대 무성하게 자라나 나를 반긴다. 흐르는 개여울에 생각을 푸노라면 서럽도록 아픈 추억이 무심히 퍼져간다. 이제는 야망과 정열로 치닫던 눈길을 안으로 안으로 거두어들일 때가 아닌가? 사랑이나 미움이나 지내놓고 보면 모두가 그리워지는 한 편의 드라마 같은 것을.

이제 나의 눈빛은 샛별처럼 빛나지 않으며 사랑과 낭만을 노래하던 나의 입술은 닫히고 긴 침묵의 시간이 오고 있음을 느낀다.

머릿결은 억새풀처럼 허옇게 퇴색되고 마음 또한 비어간다. 살아오면서 만났던 모든 인연들. 그 모두가 내 삶을 기름지게 했던 것임을 이제야 알게 되었다.

나의 결점보다 남의 결점에 촉각을 세우고 운명을 원망하며 살아온 날들. 마음과 마음속에 장벽을 쌓고 허세를 부리며 살아온 삶이 얼마나 고독했던가.

가을철 따가운 햇살 속에 익어 가는 고추처럼 가을 열매처럼 뒤늦게나마 철이 들어 남을 위해서가 아니라 자신을 위해서라도 사랑을 베풀 줄 아는 인간이고 싶다. 이 크나큰 깨달음의 소리를 듣게 해주시는 신의 자비여, 자연의 고마움이여.

오고 가는 계절의 순리 앞에 인간이란 얼마나 나약한 것인가. 가을바람에 끌리어 가을 들녘으로 나갔다. 길가에는 코스모스가 바람에 하늘거리며 신록의 들판은 황금빛으로 물들고 있었다.

시간은 자꾸만 나를 밀어 놓고 가는 것이 아닌가. 무궁한 가을하늘, 그 아래 아름다운 산과 들, 비취색 파도 넘어 삶의 종착역이 있을까. 그곳에는 사랑하던 사람들이 기다리고 있을 것만 같다. 가을은 사람을 센티하게 만든다. 젊은 날에는 가을에 죽고 싶다는 생각을 했었다. 낙엽처럼 아름답게 죽을 수 있기를 염원했는데.

이 가을 소식 끊긴 친구에게 편지를 쓰고 싶다. 편지 사이에다 그립다는 말과 함께 예쁘게 물든 단풍잎을 끼워 보내리. 오늘처럼 스산한 가을바람에 가슴이 춥고 시려올 때 가만히 다가와 내 손을 잡아줄 누군가가 있었으면.

가을은 이별의 계절, 정화의 계절인 것을. 진정 아름다운 종말의 서러움은 사람의 것이 아닌 자연의 몫인지도 모른다. 초록의 꿈을 버리고 가장 아름다운 모습으로 홀연히 떨어지는 낙엽의 모습에서 이별할 것에 이별을 고하는 처연한 모습. 나도 허황된 꿈에 이별을 고하자.

나무가 나이테를 안으로 새겨 넣듯 슬픔을 가슴속에 감추며 웃으며 이별하는 멋도 필요하리라. 인간은 누구나 꿈을 꾼다. 나 또한 꿈 많은 소녀였다.

되고 싶은 인물도 많았고 하고 싶은 일도 많았다. 비록 꿈을 이룬 것은 없지만 그러나 늙어 가면서도 끊임없이 나는 꿈을 꾼다. 도달할 수 없는 꿈이었기에 더욱 슬프고 아름다운 일이지만 결코 후회하지는 않는다. 나의 정신만은 누구보다 풍요로운 부자로 착각하며 살아왔으니 생각하면 여름날 무성한 숲속을 헤쳐 나온 느낌이다. 숲에서 길을 찾아 나서니 거기 가을이 기다리고 있었다. 산다는 것은 참으로 한 순간임을 느끼게 한다. 어둠 속 같은 숲속에서 아늑한 봄날을 찾아 얼마나 헤매어 다녔던가. 가을바람이 시리게 가슴에 와 닿는다. 인생이 한 편의 연극이라 해도 다시금 어떻게 수정할 수 있으랴.

결국 어떤 길을 간다 해도 아쉬움을 남기게 될 것을. 설사 갈망했던 꿈을 이룬다 한들 인생의 행복엔 만족이 있을까?

계절 때문인가? 충동적인 자아 탈출, 현실 도피의 욕구는 바람처럼 다가와 나를 흔들어 놓는다. 가을엔 홀로 있고 싶다. 조용히 앉아서 자신을 생각하게 하는 시간. 눈길은 먼 하늘가에 두면서도 자신의 지난날을 성찰해 보는 계절.

있는 그대로의 자신을 측은하고 가엾게 바라볼 수 있다면 진정 자신을 사랑할 수 있으리. 푸르른 젊은 날의 내 꿈에서 나는 무엇을 얻었단 말인가. 그 꿈의 자리에 어떤 열매가 맺혀 있는지 돌아보면 초목보다도 성실치 못한 삶인 것만 같다. 무엇을 위하여 그 많은 땀과 눈물을 흘렸단 말인가.

어느덧 내 안에 낙엽 스치는 소리가 들린다. 오늘밤도 꿈속에서 한 마리 새가 되어 푸른 창공을 나는 꿈을 꾸면서 가을을 앓겠지.

또다시 가을의 계단에 서 있는 지금 세월의 빠른 것을 습관처럼 중얼거리고 있지 않은가. 이제는 어느 해보다 풍요로운 가을걷이를 위해 일해야 할 시간이다. 가을밤을 밝히며 글을 쓰리라. 노을빛과 지친 여인의 영혼을 담아서 풀꽃처럼 애잔하면서도 아름다운 사랑의 글을 쓰리라.

가을 강둑에 흐드러지게 피어있는 가을 국화처럼 향기 높은 내 영혼의 꿈을 위하여 추억 저편 고향의 강이 변함없이 흐르듯, 내 마음에도 강 하나 흐르게 하고 싶다. 사철 푸른 꿈이 흐르는 마음의 강가에서 긴 밤을 밝히며 글을 쓰리라. 노을빛처럼 아름다운 영혼을 담아서 풀꽃처럼 애잔한 사랑의 글을. 지친 영혼들이 쉬어 갈 수 있게. 가을이 깊어 가면 그리움도 깊어 가리라. 쓸쓸한 가을바람처럼.

# 흔들리는 우정

요즘 들어 소원해진 친구의 집을 방문하게 되었다. 한때는 하루가 멀다 하고 서로의 안부를 챙겨주던 사이였는데. 오늘 그녀의 집 화장실에서 유안진 님의 '지란지교를 꿈꾸며'란 글귀를 대하니 우리들의 지난 추억이 새삼 생각난다.

안방에서 밀려나 화장실 벽에 걸려 있는 그 족자를 보면서 15년이란 시간 속에 우리의 우정 또한 밀려가고 있음에 조금은 서글퍼졌다. 과거가 있어야 현재가 있고 미래가 있듯이 지나온 과거는 항상 내 가슴속에서 아련한 그리움을 간직하게 한다. 그렇다고 지나온 날이 특별한 것도 아닌데 말이다. 내가 청주로 내려와 알게 된 몇 안 되는 친구 중 한 명으로 같은 취미 생활을 하면서 또한 가까운 이웃으로 외출 시에는 내 집을 지나야만 했던 그녀와 난 늘 붙어 다녔다.

한번 사귄 친구는 여간 섭섭한 일이 있었다 해도 쉽게 끊지 못하여 계속 마음이 흘러가 머문다. 어느 날 책을 읽다가 가슴에 와 닿는 글귀가 있어 펜글씨로 곱게 써 코팅하여 내 마음과 함께 그녀에게 주었다. 시간은 흐르고 그때의 그 마음도 퇴색되어 이젠 아무런 감흥도 느끼지 못하지만 차마 버릴 수 없었던 친구의 마음이 고스란히 남아 가슴 찡하게 하였다.

친구와 포도주는 오래 묵을수록 좋다고 했다. 우리의 인연을 오래도록 간직하고 싶고 또 그렇게 살고 싶다. 하지만 모든 게 뜻대로 되지는 않는 게 아닌가. 사람과의 사귐에는 원하지 않아도 본의 아니게 서로에게 상처를 주고받게 되지만 세월이 지나면 우정도 미움도 속절없어지는 것. 그 상처를 주는 쪽이 나만 같다. 솔직하다는 나의 성격 때문에 그녀에게 알게 모르게 아픔을 주었을 것이다.

그러나 내 손가락의 가시가 더욱 아프듯 그녀에게 섭섭했던 마음이나 또한 컸기에 자꾸만 멀어져 갔던 우리들의 사이가 아니었는지.

마음을 터놓고 긴 얘기를 나눌 수 있는 친구가 있으면 얼마나 행복한 삶이겠는가? 그런 바람으로 그땐 그 글을 선물했었는데 자신의 치부를 드러내 놓을 수 없었던 이기적인 나의 자존심 때문에 늘 가슴 속에서만 서성거렸을 뿐이었다. 돌이켜 보면 우정이든 사랑이든 자기 마음대로 따라와 주지 않는 것에 대해서 또한 지나친 기대 탓으로 점점 멀어진 것이 아닌가. 삶의 과정은 끊임없이 상처를 만들고 치료하고 다시 상처 입는 길인 것을. 친구라 하여 그런 과정이 없었으랴. 그 모든 과정을 거치면서도 오늘 또 다시 그녀와 나란히 걸어

갈 수 있는 것은 서로의 단점까지도 인정할 수 있는 시간이 주는 선물인 것을. 우정이란 나무와 같아서 늘 보살피고 가꿔 가는 노력이 필요한 것이리라.

상대방을 깊이 이해하고 아끼는 마음이 있어야 아름답게 우정이 꽃핀다는 걸 생각게 한다. 지난 모든 일이 조금은 섭섭한 마음이 있다 하여도 '지란지교'의 글귀 앞에서 친구의 고운 마음을 보는듯하여 자신이 부끄러워진다. 사람이 나이를 먹어간다는 것은 모든 것에 자신감을 잃어 가는 것인가 보다. 새로운 만남 또한 두려움이 든다. 늘 좋은 만남만을 바랄 수 없지 않은가!

비록 화장실 벽에 매달려 있는 그 족자처럼 편안한 마음으로 서로를 대할 수 있는 친구가 있다는 것이 얼마나 다행스러운 일인지. "저녁을 먹고 나면 허물없이 찾아가 차 한 잔을 마시고 싶다."라는 글귀처럼 이 싸늘한 초겨울 밤 따뜻한 아랫목 이불 속에 두 다리를 묻고 차 한 잔을 나누며 서로의 서운함을 허심탄회하게 쏟아 놓으며 한바탕 수다라도 떨고 싶은 날이다.

# 화장을 하며

저 여인은 누구일까? 생소한 여인의 모습에서 난 어렴풋이 어머니의 모습을 본다. 아니 할머니의 모습이 거기에 있었다. 앞머리에 하나둘 늘어난 백발이며, 눈가에 주름진 모습에서 세월의 흔적을 보았기 때문일까.

나이 듦은 내적 성장인데 우리는 외형적인 것에만 지나치게 열중한 나머지 이 성장의 의미를 잊고 있다. 오늘도 난 거울 앞에 앉아서 눈 밑의 주름살에 신경을 쓰고 있다. 그뿐인가. 칙칙해진 피부며 늘어진 눈 꼬리, 거울 속의 낯선 여인의 모습에서 자신을 부정하고 싶어진다. 그녀는 분명 나의 본연의 모습인데도 인정하고 싶지 않은 것은 아직도 설익은 나의 마음이 아닌가.

어떤 학자는 유아기를 잃어버려야 청소년기에 도달할 수 있다고 말했다. 인생의 어느 단계든 마찬가지란다. 무언가 얻기 위해선 먼

저 다른 것을 잃어 버려야 한다고 했으니 상실이 가장 많은 노년기야말로 더 많이 성장할 수 있는 잠재력을 가지고 있다고 한다.

사람들은 늙는다는 것을 두려워하기 때문에 노화를 막고 더 젊어 보이려고 다양한 약품과 화장품을 사용하며 때론 의술을 주저 없이 사용한다.

젊음의 샘을 찾기 위한 인간의 노력은 그 끝이 없다. 또한 그런 혜택을 누리며 사는 사람이라 말할 수 있을까. 젊음의 샘이 있다면 분명히 우리 마음속에 있을 것이다. 우리가 어떤 시각과 느낌을 가지고 바라보느냐에 달려 있는 것이 아닐까.

세월은 꽃보다 더 아름답고 화려한 젊음을 시간 속에 묻어 버렸다. 훈장처럼 깊게 팬 주름살의 흔적을 남긴 채. 화장을 한다는 것, '나'이면서 '나' 아닌 또 하나의 자기 창조를 의미한다고 했다. 보다 더 아름답게 보이고 싶은 갈망이 화장을 하게 하는 것이 아닐까? 화장이 짙어짐은 늙어 가는 징조이다. 젊은 날에는 화장을 하지 않아도 예쁘고 매력적이다. 간단한 기초화장만 하여도 얼마나 풋풋하고 아름다운가.

내게도 그런 날이 있었는데. 지금 거울 속에 비친 저 여인이 나의 본 모습이라니. 그 빛나던 총기는 사라지고 잿빛 하늘처럼 흐려진 눈빛, 세월의 덕지가 간간이 매달려 있는 모습에서 나는 가을을 느낀다.

때때로 화장을 통해서 보다 아름답게 변신하려는 여자의 마음. 그 마음이야말로 여자의 순수한 마음이 아닐지. 보톡스 주사라도 맞아 볼까? 젊어진 나의 모습에서 염라대왕이 못 알아보고 그냥 스쳐 지나갈지도 모르지 않는가. 염라대왕은 인간 세상사 모든 것을 들여다 볼 수 있는 명경明鏡을 가지고 있다고 했다. 언젠가 그 거울 앞에 서게 될 때 나의 젊음은 보이지 않고 생전에 지은 죄만 보인다면 나는 영락없이 지옥행일 텐데 보톡스가 무슨 소용이랴. "아름다운 얼굴이 추천장이라면 아름다운 마음은 신용장"이라는 누군가의 말처럼 얼굴에 화장을 하듯이 내 마음도 화장을 해야만 하지 않을까?

오늘도 거울 앞에 앉아 잃어버린 마음보다는 젊음의 시간을 찾으려 한다.

# 일상에서의 이탈

하늘빛이 고와서일까, 봄날의 푸르름이 나를 유혹하는 것일까. 난 우울의 늪을 빠져나와 자연 속으로 길을 나섰다. 괜스레 마음이 허전해지는 것은 단조로운 일상을 벗어나고픈 마음 때문이리라. 딱히 갈 곳을 정한 것은 아니지만 달리다 보니 공림사엘 가게 되었다. 언젠가 친구들과 함께 갔다가 만났던 스님 생각이 나서였다.

걷는 모습에서 약간은 불량해 보이기는 하지만 어릴 적 고향 할아버지의 모습 같기도 한 인간적인 순수함을 다시 한 번 만나고 싶었다. 그날 우리 일행과 많은 얘기를 나누며 즐거운 시간을 가졌던 기억 때문이기도 하지만. 그때 마시지 못한 차 한잔을 여유롭게 나누며 스님의 법문을 듣는 것도 좋으리라.

그러나 스님은 이미 그곳을 떠나고 계시지 않았다. 강원도 산속 토굴로 가셨단다.

잠시 공림사 큰스님이 돌아가시고 난 직후 빈자리를 봐주러 오신 기도 스님이라고 한다. 만남을 기대했던 스님이 안 계시기 때문일까, 공림사 뜰이 휑하니 느껴지는 것은. 만나고 헤어짐은 순리인 것을 왜 이토록 쓸쓸한 것인지. 나 또한 내일 다시 이곳에 올 수 없을지도 모르는데.

나의 실망한 모습을 보고 스님의 각별한 신도 같아서인지 강원도 가는 길이 있으면 한번 찾아가 보라고 약도를 건네주었다.

옷깃만 스쳐도 인연이라고 했는데, 단 한번 만났던 스님과 나는 어떤 인연일까. 시간은 늘 흐르는 것임에도 언제나 그곳에 멈춰 나를 기다려 주는 줄로 착각하며 사는 것인가 보다. 과거로 되돌아가면 거기 내가 버리고 떠난 모든 것이 고스란히 남아 있는 줄로만 아는 어리석은 생각들이 가슴을 아리게 한다.

되돌아오는 길은 무언가 놓쳐버린 듯한 허전함과 쓸쓸함으로 자꾸만 뒤돌아보게 한다. 스치고 지나가는 모든 사물들의 인연을 생각해 보았다. 되돌릴 수 없는 생에 대한 안타까움과 그리움. 어쩜 지나가 버렸기에 더욱 아름답게 느껴지는 시간들이 오늘의 나를 고독하게 하는지도 모른다. 가을이 오기에는 먼 여름의 중턱에서 가슴속에 쓸쓸한 바람이 인다.

오는 길목에 선산에 들러 오랜만에 시부모님 산소를 찾았다. 철들지 못하고 감정에 젖어 방황하는 막내며느리의 모습을 보며 뭐라고 하실까. 생전이라면 불호령이 떨어지겠지만 이제는 영혼의 마음으로 보아 주실 것을 간청했다. 죽은 자와 산 자가 나란히 앉아 산 위에서 바라보는 세상. 안타까울 것도 슬플 것도 없는 그저 텅 빈 하늘처럼 나의 머릿속도 비어져 갔다. 바람이 불어와 내 어깨를 어루만지며 지나간다. 마치 시부모님이 철부지인 며느리의 마음을 달래듯이. 나도 모르게 눈물이 흘렀다.

축축한 잔디에 누워 하늘을 보니 허깨비 같은 육신을 떠난 내 영혼이 무궁한 저 창공에 한 점 구름으로 떠돌고 있다. 생과 사를 초월하여 넘나드는 세상. 이대로 자연과 하나되어 잠들고 싶어졌다.

보이는 것만이 전부가 아니듯 겉모습 속에 감춰진 나의 고독이 때론 이렇듯 방황하게 한다. 어둠이 내리는가, 저녁노을이 곱게 물들고 있는 하늘에 새들이 날아간다. 쌀쌀한 냉기가 온몸을 휩싸며 잠시 잊었던 일상의 삶이 나를 부른다.

산그림자마저 서둘러 내려가라고 내 등을 떠밀며 재촉한다.

# 꿈속의 방학사를 찾아서

오늘은 음력 9월 9일. 철새가 제 고향을 찾아가는 날이라고 한다. 이 날을 전장에서 행방불명되신 아버지의 기일로 정한 것은 영혼이나마 철새처럼 고향에 돌아오길 염원하는 마음이라고 했다. 그래서였을까.

며칠 전 꿈에 할머니께서 내게 바구니 가득 쌀을 들고 여기가 '방학사'라며 서 계셨다. 방학사가 무엇이냐고 자꾸만 묻던 나의 목소리에 놀라 잠을 깼을 때의 알 수 없는 기분, 몇 날 며칠을 두고 그 꿈을 생각하다 방학사가 사찰 이름이라는 것을 깨닫게 되고 아버지의 기일이 다가옴을 알았다. 어릴 적 부처님께 드릴 쌀을 머리에 이고 힘겹게 산길을 오르시던 할머니, 굽은 등을 펴며 먼 산 너머 아득한 하늘 끝에다 시선을 둔 채 긴 한숨을 쉬시던 그 눈물 어린 눈.

난리통에 전사한 장남을 멀리 떠나보낸 할머니의 초췌한 모습. 늘 할머니의 치마꼬리를 붙들고 자라온 혼자 남은 손녀를 생각하면 가슴이 무너져 내리셨을 할머니. 그 후 가슴앓이로 자리에 누우신 할머니는 끝내 일어나지 못하고 어느 봄날 꽃샘바람 속에 가셨다. 어린 손녀를 차마 잊지 못하여 눈도 감지 못한 채 영영 떠나셨다. 그 손녀가 자라 황혼을 마주한 지금 새삼스레 꿈속에 찾아와 방학사를 일러주신 뜻은 무엇이었을까? 숙부님 댁에서 지내는 아버지의 제사에 이방인처럼 참석만 하는 난 늘 편치 못하였다. 때론 사찰에다 모시고 기일을 지내고 싶었지만 나 떠난 뒤 누가 있어 고독한 그 영혼을 달래줄까 싶어 항상 가슴속에 쓸쓸한 바람이 일었음을 알았을까. 난 불교 신자는 아니지만 답답할 때면 조용한 산사를 찾아 머리를 식히곤 한다.

꿈속에서 본 사찰과 비슷한 안심사를 찾아 공양을 드리기로 했다. 어젯밤 퇴근길에 쌀 한 말을 사서 아침 일찍 서둘러 집을 나섰다.

오늘 따라 유난히 안개가 짙게 깔려 한 치 앞도 가늠할 수 없을 정도다. 안심사 가는 길. 그 옛날 할머니와 같이 걷던 그 산길처럼 느껴짐은 안개 탓이리라. 내 마음같이 안개 속에 묻힌 산사의 풍경이 꿈속만 같다. 안개는 조용히 피어올라 잊은 듯 감춰온 옛날을 상기시키고 아버지의 영혼이 이 딸을 맞이하는 것만 같다. 가져간 쌀을 부처님 앞에 놓고 향내음 진동하는 법당에 무릎을 꿇으니 온갖 번뇌로 일렁이던 마음이 평안해졌다. 지그시 감은 듯 내려다보며 미소 짓는 부처님께 두 손을 모았다. 산하를 떠도는 고달픈 아버지의 영혼과 그 자식으로 애태우던 할머니의 영혼을 위해 간절한 마음으로, 불자도 아닌 자신이 법당에 앉아 내 아버지의 영혼을 위해 기도한다는 것이 이율배반적인 행동일지라도 그냥 지나치기에는 꿈속의 할머니의 모습이 너무나 선명하였다. 가슴속에 그분들이 살아있기에 영혼마저 찾아왔으리라.

그리움의 편린들이 못다 한 아쉬움으로 남아 울컥 뜨거운 눈물이 솟구친다. 안심사 뜰 안에 홀로 서서 주위를 둘러보니 거기 가을이 녹아 흐르고 오색으로 물든 산이 나를 더욱 서럽게 한다. 떠나야 할까 보다. 저 황량한 들판을 가로질러 지나가는 바람처럼, 억새풀 일렁이는 강가로. 마음의 갈피를 잡지 못하는 내게 친구에게서 전화가 왔다.

오늘 하루 내게 위안이 되고자 한다고. 인생이란 서로가 서로에게 부대끼며 살아가는 것인가 보다. 나의 쓸쓸한 마음을 위로해 주겠다는 벗을 가졌다는 것이 얼마나 큰 행운인가. 구름이 걷히면 햇볕이 더욱 빛나듯 또 다른 기쁨이 나의 삶을 풍요롭게 하고 있음을 느꼈다. 안개가 걷히듯 내 안의 우울도 걷히는 듯하다.

철새가 찾아가는 곳이 있듯 나 또한 언젠가는 만날 영혼의 해후를 믿어 본다. 그땐 고향 흙냄새 풍기는 그곳으로 지친 나의 육신을 털고 편안한 마음으로 돌아가겠지. 저 단감 빛 일몰처럼 아름답게.

■ 작품해설

# 애틋한 그리움과 자기 응시

## - 김영심의 ≪도시에 뜨는 별≫에 부쳐서

강 돈 묵

■ 서평

# 애틋한 그리움과 자기 응시

–김영심의 ≪도시에 뜨는 별≫에 부쳐서

강돈묵

## 1. 들어가면서

한 작가의 수필세계는 그가 살아온 세월의 기록이다. 일상 속에서 선택한 글감들을 철저하게 본질을 찾아내서 해석하여 의미를 부여하기 때문에 그렇다. 어느 작가든 수필을 창작할 때에는 자신의 삶을 고백하지 않을 수 없다. 수필이 작가의 고백의 문학이고, 관조의 문학이기에 여기에서의 이탈은 불가하다.

수필 속에는 작가의 삶이 드러난다. 비록 일상 속에서 소재를 선택하여 작가의 삶이 드러난다 해도 송두리째 드러나는 것은 아니다. 일상 중에서 키워드처럼 가장 핵심적인 것은 여지없이 드러날 뿐이다. 작가 김영심에 있어서는 그 키워드가 한 편에 하나씩 있기도 하고, 더러는 여러 개가 한자리에 모여 독자를 혼란에 빠지게도 한다.

작가 김영심에게 자주 잡히는 키워드는 '그리움', '할머니', '어머니', '수녀 딸', '벗', '고향' '향기', '생명' 등이다. 작가는 여러 가지 수다를 떨지 않는다. 오로지 이런 이미지에서 멀리 외출을 시도하지도 않는다. 항상 이런 범주 안에 있다. 그것은 작가 김영심이 살아온 세월의 편린이기 때문에 그렇다. 작가는 어려서 아버지를 한국동란에 빼앗겼고, 어머니는 재혼을 하여 또 다른 자식의 둥지가 되기 위해 그의 곁을 떠났다. 그리하여 작가는 할머니의 보살핌 속에서 성장한다. 어린 시절 시골마을에서 자랐고, 학창시절에는 혈육의 빈자리를 친구들이 채워 주었다. 결혼하여 세 자녀를 키웠는데, 그 중 딸 하나가 수녀원으로 들어갔다. 지금은 몸에 병을 얻어 심한 고통을 겪고 있지만 누구를 원망하거나 좌절하지 않고 현실을 받아들이며 긍정적인 자세로 질병과 사투를 벌이고 있는 중이다. 그래서 김영심의 수필에는 치열한 삶의 태도가 적나라하게 드러난다.

이런 삶에서 소재를 취택하여 수필을 썼기에 작품세계는 '그리움'의 범주에서 떠나지 않는다. 그 좋은 예가 〈피는 꽃자리는 달라도〉에 잘 나타나 있다. 대개의 경우 여러 편에 걸쳐 이러한 현상은 나누어 나타나지만, 이 수필에는 작가의 관심 세계가 한자리에 모여 있다. 이 한 편의 수필은 그의 작품세계를 단적으로 말해 준다.

그때 하늘의 별들이 사방으로 쏟아져 내리는 것을 보았지, 그 매캐한 냄새는 그리운 고향의 내음이다. 아니 아련한 슬픔이었다. 어느 이른 봄, 바구니 가득 쑥을 뜯어 오던 날. 할머니는 먼 길 떠나셨고, 저승길 밝히며 밤새 타오르던 모닥불. 불빛에 어른거리던 그 모습들이 마치 춤추는 유령들 같아 두려움으로 가슴 졸이던 기억. 그때 어린 소녀는 죽음을 어렴풋이 알았고 끝내는 통곡해버렸던 그 밤. 봄은 아팠던 긴 겨울의 꽃으로 피어나려 한다. 모닥불에 훨훨 타는 낙엽들의 몸부림. 잊고 싶었던 내 유년의 추억들이 재가 되어 날린다.

이제는 저 재처럼 다 타고도 남았을 세월 …〈중략〉… 바람이 일어 꺼져가던 불꽃이 다시 소생하는 걸 보면서 아직 내 안에 소망이 있어 꺼질 수 없는 생명을 보는 듯하다. 내가 숨 쉬고 있는 그날까지 봄은 내 안에서 씨앗(희망)을 간직하고 있음인가. 어김없이 찾아오는 계절이지만 난 또 봄을 앓는다. …〈중략〉… 한 마리 날지 못하는 학처럼 모닥불 가를 맴돌며 춤을 추어 본다. 언젠가는 비상하는 꿈을 꾸며. 겨울과 봄이 교차하는 이 계절의 밤에 지나온 세월의 편린들이 밤하늘의 유성처럼 무수히 날린다.

이 봄 피는 꽃자리는 달라도 향기로운 마음으로 피어나리라.

– 〈피는 꽃자리는 달라도〉에서

## 2. 그리움, 그 끊을 수 없는 혈연의 그림자

김영심은 언제나 그리움에 차 있는 작가다. 어떠한 사건이나 물상 앞에 놓여도 그는 그리움과 연결된다. 진즉에 비워진 공허를 채우지 못하고 영원히 그리워하고 있는 것이다. 비록 삶은 그렇다 해도 그것은 작가에게 있어서 창작의 원동력이 되고 있다. 그의 수필은 거개가 그리움에서 출발한다. 그리고 그 그리움은 감각작용에 의해 과거로의 여행이 가능하다.

> 눈물 속에 번져오는 그리움. 바람이 분다. "인제 가면 언제 오나 어어~ " 바람결에 실려 오는 요령소리. 멀어져가는 할머니의 상여 끝에 꽃이런가, 나비런가!
>
> 가슴속엔 가득한 눈물주머니 간직한 채, 어느새 나도 한 마리 나비 되어 춤을 추며 그 뒤를 따른다.
>
> — 〈가침박달꽃 그늘 아래서〉에서

작가 김영심에게서는 그리움이 묻어나지 않는 곳이 거의 없다. 사물과의 만남 속에서도 언제나 그리움은 고개를 들어 과거로의 여행을 요구한다. 처음 만난 스님의 미소에서 어머니를 추억하고, 찬란한 봄날 가침박달꽃을 바라보면서 할머니의 꽃상여를 떠올린다. 역시 끝없는 그리움의 여행이다. '바람결에 스쳐오는 은은한 향기. 가지마다 송이송이 눈물처럼 피어난 꽃송이들. 병석에 누워 계신 어머님의 모습이 거기에 있었다. 푸른 잎 하얀 미소로 하늘거리는 모습 속에 봄날 꽃길 따라 먼 길 떠나시던 할머니의 꽃상여 같은 흔들림.' 봄은 슬픔의 계절로 늘 그에게로 다가왔다. 그의 추억 뜰에는 산모롱이를 돌아가던 상여 끝에 흔들리던 만장의 깃발들이 어느새 흰나비가 되어 하늘거리고 있는 것이다. 여기서도 그리움은 청각에 의존한다. 바람결에 실려 오는 요령소리와 함께 만가輓歌의 애달픈 곡조가 작가 김영심을 끌어당기고 있는 것이다.

일상을 살아내는 작가의 가슴에 얹어져 있는 상처는 언제 어느 순간이든 연관의 고리를 풀지 못하고 고개를 들고 일어서기 마련이다. 조용히 듣는 빗소리, 갈바람에 휘날리는 가랑잎소리, 삭풍에 울어대는 문풍지 소리에서도 작가는 추억여행의 짐을 꾸리게 되는 것이다.

> 우리 모두는 가슴속에 많은 상처를 숨기며 살아가고 있다. 상처 안에 숨어 있는 세포들이 서로 부딪히며 소리죽여 울고 있다. 현실을 피하여 달려온 이곳에서 또 다시 나를 붙잡는 애잔한 눈동자. 차마 떠나지도 못한 채 물속에 비친 자신의 모습을 멍하니 바라보고 서 있는 내 어머니 같은 강대나무. 마주볼 수 없는 내 마음이 물결처럼 일렁인다.
>
> 조국의 산하가 요동치던 유월, 전선으로 떠난 아버지는 영영 돌아오지 않았다. 포성이 멎고 떠났던 사람들이 하나둘 돌아왔지만 조국은 끝내 아버지를 돌려보내지 않았다. 기다림은 점점 그 빛을 잃어가던 어느 가을날 단풍처럼 한 장의 전사통지서가 날아왔다. 그렇게 청춘의 한 시절을 통곡으로 보냈던 어머니.……
>
> 이렇듯 빗소리 바람소리를 듣고 있으면 그리운 이들의 목소리가

> 들려오는 것만 같다. 만남보다 이별이 익숙한 나이가 되면 가슴 설레며 읽던 책도 다 읽기도 전에 잊히듯, 산다는 것은 잊으며 사는가 보다. 다만 잊히지 않는 것은 사는 동안에 끝내 이룰 수 없는 사랑의 그리움인가. 어긋나고 어긋나는 사랑의 매듭.
>
> — 〈강대나무〉에서

〈강대나무〉에서 보이는 그리움에로의 진입 역시 같은 루트를 취하고 있다. 빗소리 바람소리로 하여 작가는 어머니를 추억하게 된다. 그리고 그 어머니는 현실에서 멀리 떠나지 못하고 외로움을 혼자 달래야 하는 강대나무인 것이다. 한국동란에 지아비를 잃고 청춘의 한 시절을 통곡으로 지내야 했던 어머니. 종내에는 어린 딸아이를 남겨두고 또 다른 자식의 둥지가 되어 떠난 어머니. 그녀인들 마음이 가벼웠을까. 그 어머니에 대한 그리움이 잔잔한 수면 위에 어리는 글이다.

무작정 찾아간 주산지, 스멀스멀 피어오르는 안개 속에 드러난 왕버드나무는 주검이 되어 홀로 물속에 발을 담그고 있다. 외롭게 홀로 남아 수면에 비쳐진 자신의 모습을 바라보고 있는 강대나무에서 작가는 어머니를 만난다. 사는 동안에 남편과의 뜨거운 사랑을 피워내지 못하고 어긋났어도 결코 잊을 수 없는 사랑의 그리움을 안고 있는 어머니. 그 어미의 품에서 멀리 밀쳐져서 혼자 살아온 삶이기에 작가 또한 영혼 속에는 늘 그리움의 빛깔이 아침 이슬처럼 애처롭게 빛나고 있는 것이다.

오늘은 음력 9월 9일. 철새가 제 고향을 찾아가는 날이라고 한다. 이날을 전장에서 행방불명이신 아버지의 기일로 정한 것은 영혼이나마 철새처럼 고향에 돌아오길 염원하는 마음이라고 했다. 그래서였을까.

며칠 전 꿈에 할머니께서 내게 바구니 가득 쌀을 들고 여기가 '방학사'라며 서 계셨다. 방학사가 무엇이냐고 자꾸만 묻던 나의 목소리에 놀라 잠을 깼을 때의 알 수 없는 기분, 몇 날 며칠을 두고 그 꿈을 생각하다 방학사가 사찰 이름이라는 것을 깨닫게 되고 아버지의 기일이 다가옴을 알았다. 어릴 적 부처님께 드릴 쌀을 머리에 이고 힘겹게 산길을 오르시던 할머니, 굽은 등을 펴며 먼 산 너머 아득한 하늘 끝에다 시선을 둔 채 긴 한숨을 쉬시던 그 눈물 어린 눈.

– 〈꿈속의 방학사를 찾아서〉에서

전쟁터에서 행방불명이 되신 아버지의 제사를 매년 '철새가 제 고향을 찾아간다는 9월 9일'에 지내 왔다. 제사가 가까워지자 꿈속에 할머니가 나타난다. 난리 통에 전사한 장남을 멀리 떠나보낸 할머니의 초췌한 모습. 늘 치마꼬리를 붙들고 칭얼대던 손녀로 가슴이 메어지던 할머니. 그렇게 사시던 할머니는 가슴앓이로 자리에 눕고, 끝내 어느 봄날 꽃샘바람 속으로 영원히 떠나셨다. 어린 손녀를 차마 잊지 못하여 눈도 감지 못한 채 영영 떠나신 할머니시다. 그 손녀가 자라 황혼을 마주한 지금에 할머니는 새삼스레 꿈속에 찾아와 방학사를 일러주셨다. 숙부님 댁에서 지내는 아버지의 제사에 이방인처럼 참석만 하던 작가는 마음이 편치 못하다. 결국 작가는 꿈속에서 본 사찰과 비슷한 안심사를 찾아 공양을 드리기로 한다. 여기서도 할머니에 대한 그리움이다. 부모가 다 떠난 후 외로운 자신을 맡아 주셨던 그 할머니를 추억하고 있는 것이다.

> 내 마음에 외로움과 슬픔이 가득히 밀려와 그리움으로 목이 멜 때면 늘 나의 버팀목이 되어준 유일한 벗인 문방사우. 화선지를 펼칠 때마다 그 빛보다 더 희고 아름다운 딸의 모습을 대하듯 내 마음을 달래어온 시간들, 그 마음을 부채에다 실어 사랑하는 딸에게 보내려 한다. 하얀 합죽선을 펼쳤다. 어떤 그림을 그려 넣어야만 내 마음을 표현할 수 있을까. 지난 4년의 시간 속에서 그토록 하고 싶던 말도 많았었는데 그 마음을 그림으로 표현하려니 막막할 뿐이다. 아침이슬을 맞으며 바위틈에 서 있는 청초하고도 가녀린 딸의 모습 같은 난을 그릴까. 백설이 분분히 날리는 봄날의 매화, 그리움처럼 흔들리는 풍(風)죽을 그려볼까. 바다를 그리워하는 해송처럼 딸을 향해 달려가는 어미의 마음을 어떻게 표현해야 할지 붓을 잡은 손이 떨려온다. 내가 신의 영역을 드나들 수만 있다면 작은 부채 속 그림으로 지금의 마음을 몽땅 옮겨 놓을 수 있을 텐데.
>
> — 〈부채 속에 사랑을 실어〉에서

작가는 딸을 수녀원으로 떠나보내고 늘 그리움에 싸여서 산다. 일상의 주변에서 조그마한 사물을 마주해도 딸을 추억하게 된다. 길가에서 풀 향기만 풍겨도 딸의 풋풋한 모습을 떠올리고, 무더위가 기승을 부리는 여름날에는 더위에 약했던 딸의 얼굴에 흐르던 땀방울을 떠올린다. 그 그리움을 달래기 위해 필묵을 잡는다. 그리고 그 그리움을 부채에다 실어 사랑하는 딸에게 보내려 한다. 무슨 그림을 그릴까, 곰곰이 생각하면서 그림에 얹어 추억하는 딸에 대한 그리움은 모성의 애틋함을 잘 나타내 준다.

딸에 대한 그리움은 너무도 애틋하다. 딸에게 보내기 위해 제작한 부채. 그 부채에 그려진 그림을 보면서도 끝없는 그리움의 날개를 펼쳐보는 것이다. 가지 끝에 매달린 감에도 딸에 대한 그리움을 매단다. 대숲에 이는 바람소리도 딸의 속삭임으로 다가온다. 은은히 풍겨오는 꽃향기 속에서 딸을 만나고, 언덕배기 소나무 밑으로는 딸과 같이 산책을 떠난다.

작가의 기억 속에 늘 함께하는 딸이기에 느닷없이 딸의 목소리가 들린다. 부채에 그림을 그려 펼쳐 놓았는데 들리는 환청은 작가의 마음을 재촉하게 한다.

그때 오동나무 잎에 떨어지던 빗소리. 지금도 그날의 모습과 감성이 선연히 남아 그리움으로 가슴이 뛴다. …… 그녀를 생각하면 대청마루에서 바라본 빗속의 오동나무가 떠오른다. 오동나무는 어디서나 거침없이 잘 자란다. 홀연히 씨앗이 날아와 내 뜰에 뿌리를 내리고 자라듯, 그녀 또한 먼 이국땅에서 오동나무처럼 풍류객의 기품을 지닌 채 삶에 충실하면서 멋쟁이의 웃음을 잃지 않고 살아가겠지.……

이 여름이 지나면 우리의 인생처럼 오동나무 잎새에도 가을 물이 비치리. 지나온 날들을 되돌아보며 참회해야 할 일들이 생각 날 때면 오동나무 커다란 둥치를 그대인 듯 부여안고 울어나 볼까. 산다는 것은 그리움의 연속인 것을.

— 〈내 마음의 오동나무〉에서

학창시절을 함께했던 친구. 비록 여유는 없었어도 함께 연극과 영화에 미쳐 있었던 친구. 그 친구의 집 대청마루에서 듣던 빗소리는 지금 작가의 가슴에서 들리는 오동잎에 듣는 빗소리로 하여 끝없는 그리움의 여행이 시작된다.

홀연히 날아와 정원에 싹을 틔운 오동나무를 바라보면서 멀리 뉴질랜드로 이민 간 친구를 떠올린다. 방송국 성우가 되어 활동하다가 홀연히 떠난 그 친구를 지금 그리워하고 있는 것이다. 거침없이 아무 데서나 잘 자라는 생명력의 나무처럼 이국에서 안주했을 친구. 그 친구를 그리워하면서도 작가는 언제나 그렇듯 청각에 의존한다. 오동잎에 듣는 빗소리가 다리를 놓아 그리움의 강을 건너고 있는 것이다. 주체할 수 없는 그리움으로 하여 작가는 종내에는 '산다는 것은 그리움의 연속'이라는 결론에 이르게 된다.

이상에서와 같이 작가의 수필 속에는 그리움이 농밀하게 묻어나고 있다. 아니 작가에게는 그리움이 삶의 원동력이 되고 있다. 언제 어느 상황에서든 그리움은 힘을 발휘하여 할머니를 그리워하고, 어머니를 그리워하고, 수녀원으로 떠난 딸을 그리워한다. 그리고 외국으로 떠난 벗을 그리워한다. 그 그리움으로 하여 병마에 시달린 작가는 삶에 의욕을 얻어내고 있는 것이다.

## 3. 정확한 자기 응시와 정체성 찾기

김영심은 그리움에 싸여 사는 여류작가다. 그리움에 닻을 내리고 세상을 응시하는 작가의 눈빛에 감성이 어려 있다. '젊은 날에는 꿈을 꾸며 살고, 세월이 지나면 추억으로 살아가는가 보다.'고 전제하고 있는 작가는 그것이 비단 자신만의 생각일지라도 '추억은 늘 아름답게 다가와 오늘의 고달픔을 잊게 해 주는 것'이라는 견해를 유지한다. 다소 진부한 명제라 할지라도 김영심에 있어서 이러한 견해는 커다란 의미를 갖는다. 그래서 그에게서는 늘 '그리움'이 의식의 흐름의 단초를 제공해 주고 있는 것이다.

김영심은 일상을 살아내면서 느닷없이 맞닥뜨리는 '그리움'에 깊이 안주하길 즐긴다. 그것이 그가 살아온 삶의 현장이기 때문이다. 늘 그리움에 싸여 할머니를 그리워하고, 어머니를 그리워하고, 수녀가 된 딸을 그리워한다. 뿐만 아니라 어린 날 접했던 유년시절에 대한 그리움도 있고, 고향집 마당의 모깃불내도 그립다. 밀대방석에 앉아 찐 감자와 옥수수를 먹던 추억도 역시 그립고, 할머니의 무릎을 베고 누워 듣던 옛날이야기도 마냥 그립다.

그러면 이러한 추억의 편린들이 가지고 있는 의미는 무엇일까. 작가 김영심에 있어서 이러한 지난 세월의 추억은 어떤 의미를 가지고 작가에게 영향을 주었을까. 모름지기 수필은 소재가 함유하고 있는 의미에 작가의 삶을 밀어 넣어 해석해냄으로써 얻어지는 결과물이다. 그러니까 작가의 자기화, 주제의 구체화가 이루어져야만 수필은 성공한다.

> 나는 몇 개의 얼굴로 살아가는 것일까? 문득 내 마음의 뜰이 보이는 듯하다. 그곳에는 온갖 독선과 무관심, 게으름과 불신의 잡초만 무성하게 자라나 황폐해진 내 마음밭. 그 안에 갇혀 꼼짝 못하는 자신의 모습. 하나의 나를 버리지 않으면 거듭 태어날 수 없음을 깨닫는다. 잎을 버리고 꽃으로 태어나는 상사화처럼. 나를 얽어매고 있는 잡초더미 속에서 저 꽃처럼 아름답고 신비롭게 피어날 수 있다면, 꽃이면 어떻고 잎이면 어떠하랴. 그것은 하나의 뿌리인 것을.
>
> 이것도 저것도 아닌 어정쩡한 나의 모습이 마치 목석처럼 서 있다. 삶의 한가운데서 조금만 비껴서도 세상을 아름답고 소중하게 볼 수 있다고 했다. 꽃은 꽃대로 잎은 잎대로 소중한 우리의 삶일진대 살아간다는 것은 사라져간다는 것이 아닌가. 상사화처럼 영원히 만날 수 없는 그리움을 안고 살아가지만 그 마음이 꽃으로, 푸른 잎으로 피어나듯, 자기만의 독특한 빛깔을 간직한 채 살아가야만 하겠다. 어둠 속에서 순간순간 새롭게 피어날 수 있다면 얼마나 좋으랴.
>
> — 〈상사화 피는 계절〉에서

사물을 바라보는 시각은 시간과 장소에 따라 현저하게 다르게 인식된다. 그 뿐만이 아니라 바라보는 사람의 마음 상태에 따라 극명하게 다를 수도 있다. 더욱이 바라보는 대상에다 자신을 겹쳐 놓으면 그것이 갖는 의미는 현저하게 주관적인 변화를 초래한다.

작가 김영심에 있어서 상사화는 자기 자신이길 원한다. 일상에 절어 현실을 떠나지 못하는 자신이 그렇게 안쓰러워 상사화를 닮으려 한다. 자신의 어깨에 걸쳐진 무거운 짐을 덜어내고 과감히 새로운 것을 추구하려 하나 행동으로 옮기지 못한다. 그래서 상상화가 부러운 것이다.

지천명의 나이가 되어서도 상사화가 부러운 것은 바로 이러한 까닭이다. 고정된 틀에서 벗어날 수 없는 사고. 언제나 똑같은 빛깔로 자신을 칠하려는 정체성 속에 감춰진 또 다른 자신의 모습. 낡은 사고로부터 벗어나고픈 욕망이 때론 그리움으로 가슴 아프게 하기에 상사화이기를 소망한다.

> 우린 가슴속에 등대를 하나쯤 가지고 살아가고 있는지도 모르겠다. 때론 자신의 길을 밝혀줄 마음의 등대가 필요할 때가 있다. 폭풍우 치는 어둠 속에서 만나는 등대의 불빛은 더욱 반갑고 희망적이다. 이렇듯 내일을 기약할 수 없는 순간이면 더욱 그렇다. 나의 등대는 저 거대한 피 돌리기의 기계란 말인가.
>
> 우리 모두는 가슴속에 상처를 숨기며 살아가고 있다. 내 상처 안에 숨어 있는 작은 세포들은 서로 부딪치며 소리죽여 울고 있다. 저 피

돌리기가 멎는 순간 생과의 이별이겠지. 산다는 것은 죽음과 맞물려 돌아가는 것. 오늘도 저 거대한 기계에 의지하며 삶을 견뎌내는 내 육체에 감사해야 하는 것인지.

— 〈피 돌리기〉에서

신부전증으로 수혈하면서 가끔 갖는 생각을 잘 그려 놓았다. 병자가 되어 홀로 병실에 남겨진다는 것은 모든 것에서 열외 되어야 함이다. 일상의 뜰에서도 멀리 떠나 있어야 하는 병실은 그동안 살아온 터전과 별리되어 와 있는 것이다. 끝없이 밀려오는 육신의 고통보다도 열외라고 하는 현실이 더 참기 어려운 것이다.

작가는 자신의 몸에 수혈을 하면서 마침내 우리의 육신을 하나의 피 돌리기 기계라고 형상화해낸다. 그리고 지금까지 살아온 삶은 폭풍우가 치는 바다를 항해하는 배에 연결한다. 그리고 앞을 밝혀주는 등대를 은근히 기다리고 있다. 그러나 고통 속에서 작은 세포들은 서로 부딪히며 소리죽여 울고 있다. 그 아픔 속에서 자신을 달래는 작가의 눈물겨운 삶이 그려져 있다. 종내에는 거대한 기계에 의지하며 삶을 견뎌내는 자신의 육체에 감사해야 하는 것인지, 하는 물음에서 작가의 마음을 읽을 수 있다. 기계로 하여 피를 돌릴 수 있는 자신의 육신은 결국 삶과 죽음이 맞물려 도는 기계인 것이다.

기억 속의 추억도 현실의 욕망도 바람 같은 것. 이 어둠 속에 서 있는 나의 존재는 얼마나 미미한 것인가. 한 그루 나무나 풀과 무엇이

다르단 말인가! 어둠이 주는 침묵의 세계에 나를 놓아두면 존재의 뜰이 열리는 것만 같다.

우리의 삶은 그때그때 새로운 시작과 탄생이 없으면 진부해지고 일상적인 타성에 젖게 마련인가 보다. 빛과 생기가 없는 삶은 병든 삶이나 다름없다. 마치 꿈을 잃고 도시에 뜨는 유랑별처럼.

– 〈도시에 뜨는 별〉에서

외롭다 하여 늘 그곳에만 머물 일은 아니다. 끝없는 도전과 이탈의 꿈은 가져야 비상할 수 있다. 더러는 자신이 이 세상에 홀로 팽개쳐진 것처럼 느껴져도 이겨낼 꿈은 꾸어야 한다. 비록 불치의 병이라 해도 완치의 꿈은 꾸어야 하고, 가능에 대한 신념은 있어야 한다. 외로움에 처해 있어도 긍정적 사고만 한다면 벗어날 수 있다.

안착하지 못하면 스스로 자신이 떠도는 영혼이 되고 만다. 그런 영혼은 자꾸만 자신을 늪지로 몰고 간다. 한 인간이 육신에 병을 얻어 허약한 몸이 되고 말면 더욱 그 늪지로의 빠짐은 깊어진다. 질병이라는 유리창을 통해 바라보는 세상은 전의 세상이 아니다. 보이는 것은 똑같아도 마음의 눈에는 다른 것으로 인식된다. 그 결과 가장 많이 나타나는 것이 홀로 된 '자아'이다. 어느새 자신이 둥둥 떠다니는 부유물 같은 존재로 보인다. 마치 외계인이 된 성싶은 자아를 만나게 된다. 버스가 손님을 부려놓고 가는 것도 어느 행성에서 달려와 어둠 속에다 우주인을 쏟아놓고 가는 것으로 인식한다. 스스로 우주 속에 홀로 된 떠돌이별이 되어가는 것이다.

작가는 여기서 안주하지 않아 다행이다. 그때그때 새로운 시작과 탄생이 없으면 진부해지고 일상적인 타성에 젖게 된다는 사실을 깨닫는다. 영원한 무너짐에서 빠져나오기 위해 작가는 빛과 생기를 찾아 나선다.

> 세상 모든 일은 마음먹기 나름이라고 하더니 그 말이 실감된다. 남은 생이 얼마인지는 알 수 없지만 환자복 한 벌로써 만족하고 욕심부리지 않는 지금의 생각처럼 살아갈 수만 있다면 얼마나 풍요한 삶이 될 것인가.
>
> 앞만을 바라보며 달려온 지난 날. 무엇이 그토록 자신을 몰아 세웠을까. 꿈도 야망도 이루지 못한 채 여기까지 숨 가쁘게 달려온 그 길가에 잃어버린 것들이 얼마나 많을까.
>
> 소중한 것들을 알지 못한 채 스쳐 지나고 만 세월이 아니던가. 한치 앞도 가늠하지 못하는 어리석고 어리석은 인간인 것을. 천 년을 누리며 살 것 같은 착각 속에서 얼마나 많은 오만을 부렸던가. 산다는 것 유별날 것도 없는데 나만은 좀 더 나은 삶을 구가하고 싶은 욕심으로 주위를 돌아보지 않으며 숨 가쁘게 달려온 삶의 언덕에 쓸쓸한 바람소리만 들려온다.
>
> 봄날의 새싹도, 여름날의 그 짙푸른 녹음도, 가을날의 낭만도, 이젠 사라지고 허허로운 겨울 찬바람 속에 있는 것만 같은, 바로 여기가 삶의 종착이 아닌지 하는 의구심이 때때로 자신을 괴롭힌다.
>
> — 〈병실에서〉에서

어느 날 갑자기 사고처럼 찾아온 병마로 투석실을 드나들게 된 작가의 심리적 갈등이 잘 그려진 글이다. 스스로 자신을 위안하는 환자의 심리가 보는 듯이 표현되어 있다. 절망의 끝에서 세상일을 모두 내려놓으려는 각오는 쉬워도 실천은 그리 쉬운 일이 아니다. 그렇게 결심은 해도 이루어질까 하고 자문하게 되는 것이다.

오히려 그동안 앞만 보고 달려온 삶이 부질없는 짓이고, 지금 투병해야 하는 몸이 되고 보니 지난 세월이 아쉬움으로 가득하다. 건강과 함께 모든 것을 잃어버렸다 생각하니 봄, 여름, 가을의 화려함과 낭만도 모두 사라지고 찬바람이 이는 이 겨울의 뜰이 자신의 종착역 같은 착각에 괴로워하게 된다.

그러면서도 자식들에게 짐이 되지 않기를 소망한다. 저 도시의 불빛처럼 강렬하지는 않겠지만 때때로 빛을 발하는 별처럼 자식들에게 영원한 고향이고자 한다. 또 자식들이 힘들고 지쳐 의지할 곳이 없을 때에 길잡이가 되는 샛별 같은 어머니가 되고자 한다.

> 기다리다 시들지도 못하고 송이째 뚝 떨어지는 그 모습이 아름답고 처연해 보인다. 나는 누군가를 저렇듯 기다려 본 적 있던가! 가슴속에 간직한 그리움도 꿀꺽 삼킨 채 체념해 버리는 자신. 기다림이란 꿈을 간직하는 것이 아닌가. 빗속으로 걸어오는 발소리라도 들림일까. 꽃가지가 흔들린다. 임은 아니 오시고 무심한 바람만이 가지를 흔들고 지나간다. 눈물 가득 담은 꽃 한 송이가 툭 떨어진다. 잊은 줄 알았던 내 안의 그리움도 살아나는 시간, 가슴에 쏴한 바람이 스쳐간다.

땅에 떨어져도 그 품위를 잃지 않으려는 능소화의 환한 미소가 쓸쓸해 보이는 것은 나의 착각만은 아니리라. 사랑의 그리움과 회한도 이제는 무디어졌을 시간이지만 가슴 한 자락 풀지 못한 상처가 남아 한이 되었음인가. 떨어진 꽃송이를 주워 책갈피에다 넣었다. 누군가는 너를 잊지 않고 있다고 말하고 싶어서 일까? 아님 누군가가 나를 잊지 말기를 바라는 마음일지도 모르겠다.

어둠 속에서 빗소리가 점점 세차게 들려온다. 사랑이여, 아득한 그 공간을 거슬러 오르면 내게로 다시 올 수 있을까. 저 비처럼.

– 〈능소화는 비에 젖고〉에서

역시 기다림에 지쳐 처연히 떨어지는 꽃이다. 그리움을 삼킨 채 눈물처럼 툭 떨어지는 꽃. 그러나 잊은 줄 알았던 그리움은 의식 속에 확연히 살아 있고, 그 허전한 가슴 속으로 쏴한 바람만이 지나간다. 작가 김영심에 있어서 기다림은 막연하지만 그렇다고 스스로 멈춰지는 것도 아니다. 언젠가 찾아줄 것을 믿고 기다리다가 그냥 툭 떨어지는 꽃과 같은 것이다. 결코 의식의  그 밑바닥에서 지워지지 않는 아픔인 것이다.

이제는 가능의 세계에 머물지 않는 것이라 해도 잊을 수가 없어 부둥켜안고 그리워하며 회한에 젖는다. 작가에게 있어서 그리움, 기다림은 끝없는 힘을 제공하는 삶의 근원 같은 것이다. 비록 꽃송이가 떨어졌어도 그것을 놓을 수가 없다. 그래서 어둠 속에서 빗소리가 세차게 들려와도 '사랑이여, 아득한 그 공간을 거슬러 오르면 내게로 다시 올 수 있을까. 저 비처럼' 하며 갈구하고 있다.

김영심은 그리움에서 힘을 얻어 생을 살아내는 작가다. 끝없는 그리움이 그에게는 가장 소중한 힘의 원천이다. 이것이 있기에 김영심은 끝없는 난관 속에서도 굴하지 않고 삶을 살아내고 있는 것이다.

## 4. 나가면서

수필은 작가의 삶이 드러나는 문학이다. 태생적으로 비전환적 표현을 지향하기에 그럴 수밖에 없다. 한 작가의 수필세계가 가치 있는 것이려면 그만큼 삶이 온전해야 한다. 그것은 육체적 건강을 의미하지 않고 정신적 세계의 온전함을 소망한다.

그래서 고백의 문학을 추구하는 수필에서는 자신의 허물과 단점을 내걸고 나타나면 해학의 경지까지 도달할 수 있다. 비록 김영심의 수필세계가 해학적 특성은 없다 해도 나름은 솔직한 고백의 길을 택하고 있음은 확실하다. 독자들이 그의 수필에 귀를 기울이는 것은 바로 이 진실한 고백에 연유한다.

수필집 ≪도시에 뜨는 별≫에는 작가만이 가지고 있는 끝없이 애틋한 그리움이 산재해 있다. 그 그리움은 대부분 할머니, 어머니, 수녀 딸에 선을 대고 있다. 이는 그의 살아온 삶과도 무관하지 않다. 더러 벗의 사랑에 연을 대는 것도 보이나 그리 많지는 않다.

'도시에 뜨는 별'은 말할 것도 없이 작가 자신이다. 강렬하지는 않지만 때때로 빛을 발하는 별. 그 별이고자 하는 것은 작가의 끝없는 자식 사랑에서 나온 결론이다. 그동안 앞만 보고 달려온 부질없는 삶이었지만, 자식들에게 영원한 고향이고 싶은 것이다. 그리하여 자식들이 이 세상을 살아내다가 짐이 너무 무거우면 찾아와 날개를 접고 편안히 쉴 수 있는 곳이 되고자 소망하는 작가의 모습이 너무도 처연하게 우리의 심금을 울린다.

그리하여 작가는 자신의 수필집을 '도시에 뜨는 별'이라 이름하기를 원했는지도 모를 일이다. 오직 평자로서 소망이 있다면 하루 속히 건강을 되찾아 그 별빛이 찬란하게 오래오래 세상을 비추었으면 하는 바람이다.

김영심 수필집

# 도시에 뜨는 별

인쇄 / 2012년 12월 17일
발행 / 2012년 12월 24일

지은이 / 김 영 심
발행인 / 서 정 환
발행처 / 수필과비평사

출판등록 / 1984년 8월 17일 제28호
주 소 / 서울시 종로구 익선동 30-6
운현신화타워 빌딩 3층 301호
전 화 / (02) 3675-5633, (063) 275-4000
팩 스 / (063) 274-3131
E-mail / essay321@hanmail.net

**값 12,000원**

ISBN 978-89-98524-01-2 03810



※ 이 책의 발간비 일부는 충청북도문예진흥기금의
지원을 받았습니다.